# なぜ副業すると税金還付になるのか？

## 副業㊙節税術

元国税調査官
大村大次郎

ビジネス社

# はじめに

本書は、副業をしている方、副業をしたいと思っている方の税金の本です。

サラリーマンは、普段は会社が税金のことを全部やってくれます。だから副業を始めても、税金のことはほとんどわからないという方が多いのではないでしょうか？

そういう方のために副業をしたときに生じる税金の義務と権利について、わかりやすく解説しよう、というのが本書の趣旨です。

副業をした場合、税金の申告をしなければならない可能性も出てくるのですが、それと同時に、税金に関する特典も受けることができるようになります。

「副業をすれば節税になる」

という話を聞いたことがないでしょうか？

雑誌などでも時々、取り上げられるので聞き覚えのある方もおられると思います。副業をすれば、新たに税金を払うのではなく、むしろ会社で源泉徴収されている税金が還付される可能性があるのです。

税金のことをまったく知らない人にとっては、ちんぷんかんぷんの話でしょう。

サラリーマンは、自営業者などに比べると節税の余地がないとよく言われます。自営業者のように、自分で経費を積み上げて税金を調整することはできません。給料の額に対して、課せられる税金は決まっているからです。

ところがサラリーマンでも副業をすれば、自分で経費を積み上げて税金を調整することができるのです。そして経費を積み上げることで、副業の税金だけではなく、サラリーマンとしての給料から差し引かれている税金も減らすことができるのです。

そんな夢のようなことがあるか、と驚かれる方もいるかもしれません。しかし、これは脱税でも何でもなく、ちゃんと認められた節税方法なのです。

このことを知っているのと知らないのとでは大違いです。

副業をしている人、これから副業をしたいと思っている方はもちろんのこと、副業にまったく興味のない方にとっても、知っておいて損のない知識だと思われます。

これを知ることで税金の仕組みを知ることになり、それは社会の仕組みを知ることにもつながるからです。

## 第1章 なぜ副業をすると税金が還付になるのか？

# 第2章 副業を始めるときの手続き

# 第3章 事業を赤字にする方法

## 第4章 車を買うという節税策

第5章

# 消費税の落とし穴

# 第6章 サラリーマン大家になって税金還付

# 第7章

# 副業でも会社をつくれる

# 第8章 確定申告の仕方は簡単



監修/有馬税務会計事務所

# 第1章

# なぜ副業をすると税金が還付になるのか？

## サラリーマン副業のススメ

昨今では、サラリーマンの方でも副業をしていたり、副業をしたいと思っている人が増えています。また会社が副業を推奨したりするケースもあるようです。

副業はすべきかすべきでないかというと、筆者は「やりたいという気持ちが少しでもあるならやったほうがいい」と思います。

なぜならサラリーマンが副業をすることは、金銭面だけじゃない、さまざまなメリットがあるからです。

将来、独立開業を考えている人にとっては、副業は予行演習になるはずです。自分の起業プランを実際に行動に移してみて、実現するかどうかを試すことができます。ダメだったら、普通にサラリーマンを続ければいいだけですから、セーフティーネット付きで起業挑戦ができるわけです。

独立するつもりがなくても、今やっている仕事とはまったく別の仕事を、別の職場でやることで、自分の新しい可能性を試すことになります。自分にもっと向いている仕事が見つかるかもしれませんし、やりたいことが見つかるかもしれません。たとえば、趣味の範疇《はんちゅう》だった写真をネットに公開したり、販売サイトに登録してみたりしてみます。もしかしたら、評価されてお金になるかもしれませんし、まったく評価されないかもしれません。が、その挑戦によって、今まで想像の中でしかなかった写真という仕事が、具体的に理解できるのです。

その挑戦を続けるのもいいですし、「思っていたのと違う」ということがわかり、ほかのことに目を向けるのもいいでしょう。いずれにしろ、人生の新しいステップに行けるのです。

また会社以外の仕事をすると視野が広がり、頭も柔軟になります。そのことが、会社の仕事にプラスになったりもするのです。

筆者も元サラリーマンなので経験がありますが、サラリーマンをしているとどうしても、職場の価値観がすべてという思考に陥りがちです。が、社会全体から見れば、その職場の価値観など、取るに足らないものであったりすることも多いのです。そして、社会にはもっと大事なもの、必要なものがたくさんあったりします。

一つの仕事だけをしていると、なかなかそれがわからないのです。

筆者は、元国税局の職員なのですが辞めてみると、国税という職場が**かなり世間からずれた異常な職場**だったことに気づきました。もし在職中にそれに気づいていたら、もっと早く自分の人生を見直すことができたのではないか、と思っています。

## 副業の方法はたくさんある

「副業したいのだけれど何をしたらいいのかわからない」

という方もいると思います。

そういう方も、まずは簡単なものをやってみるといいでしょう。

昨今ではSNSの発達により、新しい事業は非常にやりやすくなっています。自分の行動力、探求心をお金に換えることがやりやすくなっているのです。

ちょっとした販売業ならば、ネットですぐに始めることができます。

また商品を売らずにノウハウを売るという事業方法もあります。

料理が得意だからといって料理店を出すことはなかなか難しいのですが、料理のレシピを売ったり、料理する過程を動画にすることも可能なのです。

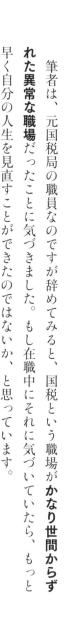

写真が好きな人は、写真を売る、写真を撮ってあげる、写真のテクニックを動画などにアップする、写真の撮り方を教える、といくつもの商売方法があります。

筆者が国税調査官をしているとき、税務調査などでいろんな企業を見てきました。

そのとき「世の中というのは、本当にいろんな事業があるんだなあ」と思ったものです。

たとえば、自動販売機だけで事業を行っている人もいます。自動販売機がない場所に自動販売機を設置したり、ユニークな自動販売機を設置したりすることで、収入を稼ぐのです。驚くほど高収入の事業者もいます。

また珍しい野菜ばかりをほんの少量生産する農家もいました。

こういう〝珍しい仕事〟というのは、あまり大儲《おおもう》けできるものではありません。ところが競争が少ないので、**ある程度の収入は確実にある**のです。そして、こういう珍しい仕事というのは、ちょっと研究すれば、身の回りの生活の中で、いくらでも転がっているものなのです。

たとえば昨今では、外国で売られているものでもネットで簡単に買うことができます。もちろん多少の英語の知識は必要になることもあります。そういう外国からの商品の購入などをできる人は簡単だけど、できない人には死ぬほど難しいものです。そこにはビジネスに結びつけられる要素がたくさんあるのです。

起業して大儲けしようというのは、なかなかできるものではありません。

でもちょっとしたお金を稼ごうと思えば、けっこういろんな方法があるものだと、筆者は実感しております。

## どんな副業が税金還付になるのか？

本書は、**「サラリーマンが副業をして税金還付を受ける」**ことをメインテーマとしています。「サラリーマンが副業をして税金還付を受ける」とは、簡単に言えば、「副業をして赤字を出し、サラリーマンの給料から源泉徴収された税金を還付してもらう」ということです。

が、どんな副業もこのスキームが使えるかというと、決してそうではありません。

このスキームが使えるのは、「副業として自分で事業をやっている人」「副業として不動産業をやっている人」に限られます。

昨今では、会社で副業を奨励するようなところもあり、サラリーマンの副業の方法も、いろいろあります。

ネットのアンケートに答えて小銭を稼ぐようなものから、メルカリなどでモノを売ったり、中にはコンビニなどでアルバイトをしている方もおられるでしょう。

そのすべてで、「サラリーマンの給料から源泉徴収された税金を還付してもらう」ことができるわけではないのです。

副業としてコンビニなどでバイトをしているような人、つまりはパートやアルバイトの人は、「サラリーマンの給料から源泉徴収された税金を還付してもらう」ことはできません。ただし、パートやアルバイトの人は、パートやアルバイトの給料が源泉徴収されている場合があり、この源泉徴収分は還付される可能性があります。

またメルカリでものを売っているような人、ネットのアフィリエイトで稼いでいるような人は、「自分で事業をやっている人」となるので、「サラリーマンの給料から源泉徴収された税金を還付してもらう」可能性があります。

### 副業別納税、確定申告、還付の可能性

| | 納税の必要 | 確定申告の必要 | サラリーマンでの給料で源泉徴収された税金が還付される可能性 |
|---|---|---|---|
| 自分で事業をする場合 | 売上から経費を差し引いた利益が20万円。 | 有り。<br>赤字の場合は還付される可能性も有り。<br>→詳細は後述。 | 有り。 |
| 店や事業所にアルバイトとして雇用された場合 | 有り。 | 有り。<br>還付される可能性も有り。 | 無し。<br>還付される可能性があるのは、アルバイトの給料から源泉徴収された税金だけ。 |
| メルカリなどでものを売った場合 | 20万円以上の利益があれば有り。ただし、骨とう品以外の自分の生活用品を売った場合は無し。 | 上記の納税の必要が生じた場合は有り。<br>赤字の場合は還付される可能性も有り。<br>→詳細は後述。 | 有り。 |

## サラリーマンが副業して税金還付される仕組み

次に本書のメインテーマである
「サラリーマンが副業して税金が還付される」
という仕組みについて、ご説明したいと思います。

これはざっくり言えば、サラリーマンが副業で赤字を出し、その赤字を給料から差し引くことで、会社から源泉徴収されていた税金が還付される、ということです。

**「副業をして税金還付を受ける」スキーム**

副業をして赤字を出す

↓

給料から副業の赤字を差し引く

↓

課税される給料が減額される（もしくは消滅する）

↓

すでに源泉徴収された税金が還付になる

## 「副業して赤字を出したら税金が戻ってくる」

と言われても、「?-?-」と思う人も多いはずです。

また、赤字が出たら損をするんじゃないのと思う人もいるでしょう。

しかし、不思議なことに、実質的には損が出ていなくても副業で赤字を出し、税金を還付してもらうことは可能なのです。

その仕組みを理解するには、ちょっと税金の知識が必要となります。

それを順にご説明しましょう。

サラリーマンが会社から天引きされている税金というのは、所得税と住民税です。

所得税も住民税も、その人の所得に応じてかかる税金です。

つまり、所得税も住民税も「所得」に対してかかってくる税金というわけです。

でも、この税務上の所得というものが、実はちょっと複雑なのです。

税金が課せられる所得には、給与所得、事業所得、不動産所得など10種類があります。

サラリーマンの所得は、通常は給与所得に分類されます。

しかしこの所得の種類は、1人が一個とは限りません。たとえば、サラリーマンをやりながら不動産収入がある人もいます。そういう人の場合は、給与所得と不動産所得があることになります。

そういう「複数の所得がある人」は種々の所得を合計して、その合計額に対して税金が課せられることになります。

そして給与所得と事業所得がある人の場合、二つの所得は合算されることになっているのです。

たとえば給与所得が５００万円、事業所得が５００万円あった場合、この人の所得は合算され１０００万円になります。事業所得というのは、事業を行ったときの所得のことです。

### 複数の所得がある人の所得税（住民税）の計算の仕組み

給与所得、事業所得、不動産所得などの複数の所得の金額を合算する

↓

自分の所得金額が確定する

↓

合算された所得に税率をかけて税額が決定する

## 事業所得で赤字が出れば給与所得から差し引かれる

ところで事業所得には「赤字」を計上することが認められています。

つまり事業所得はプラスだけではなく、マイナスになることもあるのです。

事業所得とは、先ほども述べましたように、何か事業を行ったときの所得のことです。

給与所得と事業所得がある人が、事業所得に赤字があれば、その赤字を給与所得から差し引くことができることになっています。

たとえば給与所得が600万円、事業所得は赤字が300万円あった場合、この人の所得は600万円－300万円で、300万円ということになるのです。

この人の場合、会社の源泉徴収では、600万円の所得として税金が差し引かれています。でもこの人の合計所得は300万円しかないので、納め過ぎの状態になっているのです。

これを税務署に申告すれば、納め過ぎの税金が戻ってくる、というわけなのです。

## 副業で税金が還付になる仕組み

給与所得 − 事業所得の赤字 ＝ 本来の自分の所得

↑

これに税率をかけたものが
本来の自分の税金になる

給与からすでに源泉徴収された税金は、
本来の自分の税金よりも多くなっているので

給与所得で源泉徴収された税金 − 本来の自分の税金 ＝ 還付される税金

例・給与所得が600万円、事業所得が300万円の赤字の場合

給与所得 600万円 − 事業所得の赤字 300万円 ＝ 自分の所得 300万円

給与所得600万円として税金が源泉徴収されているので

給与所得600万円分の税金 − 自分の所得300万円分の税金 ＝ 還付される税金

## 副業節税が成立する条件とは？

ただし、この節税方法にはいくつか条件があります。

まずは副業を「事業所得」として申告することです。

本来、副業的な収入は雑所得として申告するのが普通です。雑所得というのは、他の所得に区分されない所得、年金所得など額が小さくて取るに足らない所得などのことです。

この雑所得というのは、赤字が出ても他の所得と通算することができません。

たとえば売上80万円で、経費が100万円だった場合、雑所得はゼロということされ、赤字の20万円は税務申告の上では無視されてしまうのです。

なので、「サラリーマン副業節税」をする場合は、雑所得ではなく、事業所得として申告するのです。事業所得ならば、赤字が出た場合、他の所得と差し引きができるからです。

つまりサラリーマン副業節税は、**「副業を事業所得で申告する」**というのが肝心なのです。

「事業」というと、大々的に商売をしている印象があり、ちょっとした副業程度では事業とはいえないような感じもあります。

しかしサラリーマンが本業をしながらできる副業であっても、事業所得として申告することは不可能ではない、のです。

実はサラリーマンをしながら、事業所得を申告している人は昔からたくさんいます。

たとえばサラリーマンをしながら、家業の酒屋を継いでいるという人の場合。そういう人たちは、昔から立派に「事業」として申告していたのです。

だから理屈の上では、どのような「事業」であろうと、事業をしていさえすれば事業所得として申告することは可能なのです。

かといって副業をすれば、だれでもすぐに「事業所得」として申告できるわけではありません。

一定の条件があるのです。

これまでサラリーマンの副業を「事業所得」として申告するのか、雑所得として申告するのかの税務上の明確な線引きはありませんでした。

しかし2022年に国税庁が**「取引の記録を帳簿で残すこと」**という条件で、「事業所得としての申告を認めるという通達を出しました。

この取引記録というものは、ノート記載など簡易なものでもいいことになっています。

ただし事業の実態がないのに、取引記録だけを残してもダメです。

副業を事業所得で申告するには、

- **事業の実体があること**
- **取引の記録を帳簿で残していること**

が条件だといえます。

## 「事業の実体」とは？

「サラリーマンが事業をして赤字を出し、給料所得から赤字を差し引く」ときには、「事業の実体」がなければなりません。

税金の世界では、「社会通念上」という考え方があります。

明確な線引きがされていない部分では、「社会通念上」に照らし合わせて是か非かが判断されるのです。

なんの事業の実績もないのに、ただ届け出を出すだけで、「私は事業をやっています」ということにはならないのです。

まったく収入がない、実体がないのに経費だけ計上してきて、それをすんなり認めるほど、**日本の税務当局はお人好しではありません**。

たとえば、何の事業活動もしていないのに、「ネットで通販しています。売上はゼロで、経費が300万円かかりました」と主張しても通用しないのです。

税法では、この「社会通念上」という判断基準は、裁判所の判例でも認められているのです。法的に明確に「黒」を記されていなくても、社会通念上に照らし合わせて、おかしいものは「黒」と判断するということです。

だから普通のサラリーマンが、実体のない副業を適当につくって節税をしようとしても、それは認められない可能性が高いのです。

ただし逆に言えば、事業の実体があれば、いくら経費がかかっていても赤字は認められるのです。たとえばYouTubeのコンテンツ制作のために、高価な機材をそろえたけれど、アクセスが伸びず、大きな赤字が出た人がいたとします。しかし、ちゃんとYouTubeのコンテンツを制作し、それなりの頻度で更新するなどの事業活動を行っていれば、それは事業として認められるのです。

くれぐれも、「事業の実体がなければ認められない」ことには注意しておきましょう。

# 事業で赤字を出して源泉徴収された税金を取りもどす？

「副業で赤字を出す」

ということは、どういうことなのか、少し説明しましょう。

事業で赤字を出して税金を安くするとは、事業で損をすることでもあります。だから普通に考えれば、税金が安くなったところで事業で損をすれば、本末転倒となります。

しかし事業の経費の中には、プライベートの支出に近いようなものもたくさんあります。そういう経費をどんどん積み上げることで、実質的に事業で損はしていなくても、申告上は損を出すのです。

たとえば自分の借りているアパート、マンションなどで仕事をしていれば、「自宅の一部が仕事場になっている」ことにし、家賃の一部を経費として計上するのです。電気代、水道光熱費なども同様です。

もちろん経費は、これだけではありません。

パソコンを使って仕事をする人は、パソコンの購入費やインターネット料金も経費に計上するし、テレビやＤＶＤで情報を収集する場合は、その購入費も経費に計上します。

また書籍などの資料を購入した場合も、もちろん経費に計上します。情報収集のために雑誌を買った場合も同様です。

さらに仕事に関係する人と飲食などをした場合は、接待交際費として計上するのです。

つまり副業でありながら、実質的には経営者のような経費の使い方をするのです。

そうやって**赤字を積み上げる**のです。

だから実際には損をしたという感じではないのに、事業所得を赤字にできるのです。

## サラリーマン副業節税の落とし穴

サラリーマン副業節税の概略をご説明しましたが、２０１５年に興味深い記事がネットで配信されておりましたので、ご紹介します。

時事通信2015年 2月17日配信

サラリーマンら約20人に代わり、副業で赤字が出たように装った確定申告を行い、計約600万円の税還付を求めたとして、名古屋国税局が所得税法違反（脱税）などの疑いで、事務機器販売会社の宇佐美侑哉代表（47）＝名古屋市中区＝を名古屋地検に告発したことが16日、分かった。同代表は取材に対し、「謝礼目的だった」と話している。

1000万円に満たない脱税が刑事告発されるのは異例だが、国税局は架空経費を申告書に記載するだけの安易な不正が広がることを警戒し、厳格に対応したとみられる。無資格で申告を代行した税理士法違反容疑でも告発した。

関係者によると、宇佐美代表は5年間さかのぼって還付申告できる制度を悪用。知人ら約20人が2008～13年に架空の事業で経費を支出したことにして、計約1億3000万円の赤字を計上し、給与から天引きされた源泉所得税を計約600万円還付するよう申告した疑いが持たれている。

偽の申告書の作成には、国税庁がインターネット上に設けた確定申告用サイトを使った。収入や経費の各項目を入力すれば税額などが自動計算される仕組みで、同庁が利用を促している。

この記事の手口は、やってもいない副業をやっているふりをし、払ってもいない経費をでっちあげて還付申告を受けているので、これは**完全に脱税**です。というより詐欺です。600万円程度の脱税で刑事告訴するというのは、異例中の異例です。しかし、それだけ税務当局は危険視しているのです。

で、こういう脱税指南業者の中には、私の名をかたるものもいるようです。「大村大次郎も推奨している」というような。私は、そういう類《たぐい》の人たちと一切かかわったことはありませんので、くれぐれも誤解なきよう、だまされることのないようにお願いします。

何度も言いますように、サラリーマンが副業をして赤字を出し、税金を還付してもらう節税方法は、副業の実体が伴っていないとできないものです。

そして副業の実体というのは、形だけを整えればいいものではなく、「本当に事業としての実体がないとダメ」なのです。その点を重々、注意してください。安易に手を出せる節税方法ではないのです。

## 将来、独立したい人の準備段階としても有効

この「副業をして税金を安くする方法」は将来、独立開業したいと思っている人が、その準備としてやってみるのもいいかもしれません。

独立開業するときは、何かと備品などを取りそろえなくてはなりませんし、金がかかります。

サラリーマンのうちに副業として始めておいて、それらを取りそろえておけばいいのです。

サラリーマンとしての税金を安くしつつ、独立準備を始めるという寸法です。

**まさに一石二鳥**です。

また、ちょっと営業をやってみて、ダメだったらやめればいいわけですから。

準備期間に、売上がほとんどなくても問題はありません。

設立してしばらくは売上がまったくないという会社などは腐るほどありますから。いや、ちゃんと計画的につくられる会社ならば、はじめのうちは売上がないのは当たり前のこと

だとさえいえるのです。

もし税務署員が文句をつけてくれれば、「今は準備期間だから売上はない（売上は少ない）」と言えばいいのです。

「この申告書を受け付けないのなら、もし今後、莫大《ばくだい》な収益を上げても一切申告しませんよ」

と言ってみましょう。

サラリーマンが独立開業の準備をすることや、準備段階の経費を計上して申告することは税法上は何の問題もないのです。勤務している会社との関係で、支障があるかもしれませんが、それは各自うまく取り計らってください。

ただし前項でも述べましたように、事業の実体がないのに、「開業の準備をしている」と言い張ってもダメです。

どんな事業を、どういう方法で行うのか、今後の事業展開への予想、計画など。売上は低くてもいいから、ちゃんとそういうものを整えておくことです。

昨今ではネットなどで、すぐにちょっとした副業を始められます。クリック一つでわずかな収入を得られる副業もあります。

でも、いくら頑張っても月収数千円にしかならない業務は、事業と言うにはちょっときついでしょう。頑張ればそれだけで食っていけるくらいの可能性のある仕事でないと、社会通念上、事業とは言いにくい。

さらに事業は、継続的にやっていかなければなりません。1年のうちほんのちょっとの期間だけやって、「事業をやってます」とはならないのです。

つまり売上はどうであれ、「事業をしている」という形は、きちんとつくらなければならないのです。

## 事業規模に比べてあまりに赤字が多ければ不自然

それと申告で赤字を計上するときには、事業の実績や規模的なことも考慮しなくてはなりません。

むやみやたらと赤字を計上することは、マズイということです。

たとえば年間数十万円しか収入がないのに、何百万円も赤字を出していれば、**それはちょっとおかしいだろう**、という話になります。

ゆくゆく売上が増える見込みがあり、先行投資的な費用なら別です。ところが、どう見ても、今後も年間数十万円以上の収入は見込めないのに、経費だけが何百万円もかかるというのは、「おかしい」となります。

税金の世界では、「社会通念上」が重要なキーワードとしてあります。明確な線引きがされていない部分では、「社会通念上」に照らし合わせて是か非かが判断されるのです。

だから年収20万円しかないのに３００万円も経費があれば、それは「社会通念上」に照らし合わせて、妥当とはいえない、だからダメということになるのです。

また、もう一つ気をつけなくてはならない点があります。

それは、税務署の対応です。

もしこの方法で税金を安くした場合、はじめはすんなり申告が通るかもしれません。

しかし税務署というのは、問題のある納税者をすべてチェックしたり、指導したりしているわけではありません。

納税者は数千万人もいるのだから必然的に、「多額の課税漏れが予想されるもの」を優先して調査することになります。ここで見逃されたからといって、その申告が認められたわけではなく、ただ単に税務署が**「チェックをしていない」**だけの可能性もあるのです。

今まで見逃されてきても、もし問題が見つかれば過去にさかのぼって修正を指導されることもあります。

まあ、さかのぼって修正されたとしても一財産失うようなことはなく、還付された税金をもう一回納めるくらいで許されるわけですから、そう難しく考える必要はないかもしれませんが。

もう一度、注意点を簡単にまとめますと、次の3つです。

- **事業内容をしっかりつくっておく必要がある**
- **あまりに現実離れした経費計上は危ない**
- **いったん申告が通っても、過去にさかのぼって修正されることもある**

副業で税金をゼロにする方法は、この3点をしっかり踏まえて実行に移しましょう。

# 趣味、特技を生かした副業が成功しやすい

これまで副業で税金還付を受けるスキームをご説明してきましたが、ただ単に副業をして税金が安くなったとしても、それだけではつまらないものです。

事業として認められるためには、継続して行わなければなりませんので、つまらないことを継続するのは苦痛でしょう。

また税金を安くするためには、その事業のために経費を使うからそうなるわけです。つまり言ってみれば、事業に投資をするわけです。

せっかく副業をするのだったら、サラリーマンとしてはできないこと、今までやりたかったけど、やれなかったことをするのがいいんじゃないかと筆者は思います。

趣味を生かしたり、自分の興味のある分野で副業をするのです。

たとえば自分で楽器を修繕したり、改造したりするのができる人は、壊れた楽器を買ってきて修繕して売ることができます。絵を描くのが好きな人は似顔絵付きの名刺を販売することなどもできます。

また昨今では、イラスト、マンガ、音楽、動画編集、写真などを一般の人から受注して制作することも簡単にできるようになりました。クリエーターがサイトに登録し、一般の人がそのサイトで好きなクリエーターを選択して依頼するのです。

だから自分の特技などを生かし、機材などをそろえて受注体制を整えれば、誰もが簡単にクリエーターになることができるわけです。

そういう副業をすれば自分で楽しみながら仕事ができるので、継続することも苦にならないし、思い切って投資もできるというものです。

これは、事業の成功例からも言えることなのです。

事業で成功した人というのは、自分の興味のある分野で事業を起こしたケースが非常に多いのです。自分の興味のある分野ならば、知識もあるし情熱も傾けられるので、興味のない分野よりも成功しやすいのは、当たり前といえば当たり前かもしれません。

筆者も文章を書くことが好きで、税務署員だったときから自分でサイトを起ち上げて文章を発表し、それが現在の仕事につながりました。

サラリーマンなのだから、**遮《しゃ》二《に》無《む》二《に》それで儲ける必要はない**のです。だから、せっかくならば、好きなことをやってみたほうが意欲もわくというものでしょう。

もし事業が成功して、それで食っていけるようになれば、またとない幸運ということになるはずです。

## 副業を会社にばれないようにするには

ところで会社によっては副業を禁止していたり、副業していることがばれたらまずい場合もあるでしょう。

なので副業してもバレにくい方法を、ご紹介したいと思います。

副業が会社にばれる一番のルートは税務申告です。

副業である程度稼げるようになって確定申告をすると、給料と副業分の収入が合算されて計算されることになります。そして翌年の住民税は、その合算額をもとに算出され、会社に通知されます。会社は住民税を源泉徴収しなくてはならないからです。

その結果、会社は合算分の収入を知ることになり、社外で働いていることが判明してしまうのです。

これを避けるには、副業の確定申告をする際に申告書の「住民税に関する事項」の欄で、**「自分で納付」**に○をつければいいのです。そうすれば、副業による収入にかかる住民税は、合算されず本人に直接、納付書が届くことになります。その納付書で自分で納付すれば、会社にはばれないで済むのです。

ただ、これは副業で「アルバイト」をした場合には、通用しないこともあります。

確定申告書の住民税・事業税に関する事項欄

# 第2章

# 副業を始めるときの手続き

## 副業をするときに必要なのは「開業届」

副業を開業するとき、役所などの手続きはあまりありません。

飲食店などの場合は保健所への手続き等がありますが、そういう特別な許可が必要な事業でなければ、手続きは非常に簡単です。

副業の開業の手続きとしては、税務署に**「開業届」**というものを提出すれば大丈夫です。

この開業届も、開業時に必ず提出しなくてはならないものではなく、後から出すこともできますし、出さなくても罰則などはありません。

確定申告の入門書などを見ると、事業を始めた場合は、必ず税務署に開業届を出さなければならない、と書いてあります。もちろん出すに越したことはありません。

が、開業届を出していないから、税務申告ができなくなるようなことはありません。

開業届を出していれば、確定申告書の用紙が届きます。出していなければ、それが届かないだけです。申告書の用紙は税務署に行けば普通にもらえますし、電子申告する場合は用紙は不要です。

このように開業するときに義務的に提出しなければならない書類は、ほとんどないのですが、税務署に提出しておいたほうがいい書類がいくつかあります。

それを順に説明していきたいと思います。

## 「青色申告承認申請書」とは？

副業を開業し税務申告するとき、二つの方法があります。**「青色申告」**と**「白色申告」**です。

青色申告というのは、記帳などいくつかの条件をクリアすることによって、税制上の優遇を受ける制度のことです。詳細は後述しますが、記帳方法などが決められており、副業者にとって若干ハードルが高いものとなっています。申告書が青いので「青色申告」という名称で呼ばれています。

この青色申告で申告したい場合は、事業を開始して2か月以内か、青色申告をしたい年の3月15日までに、「青色

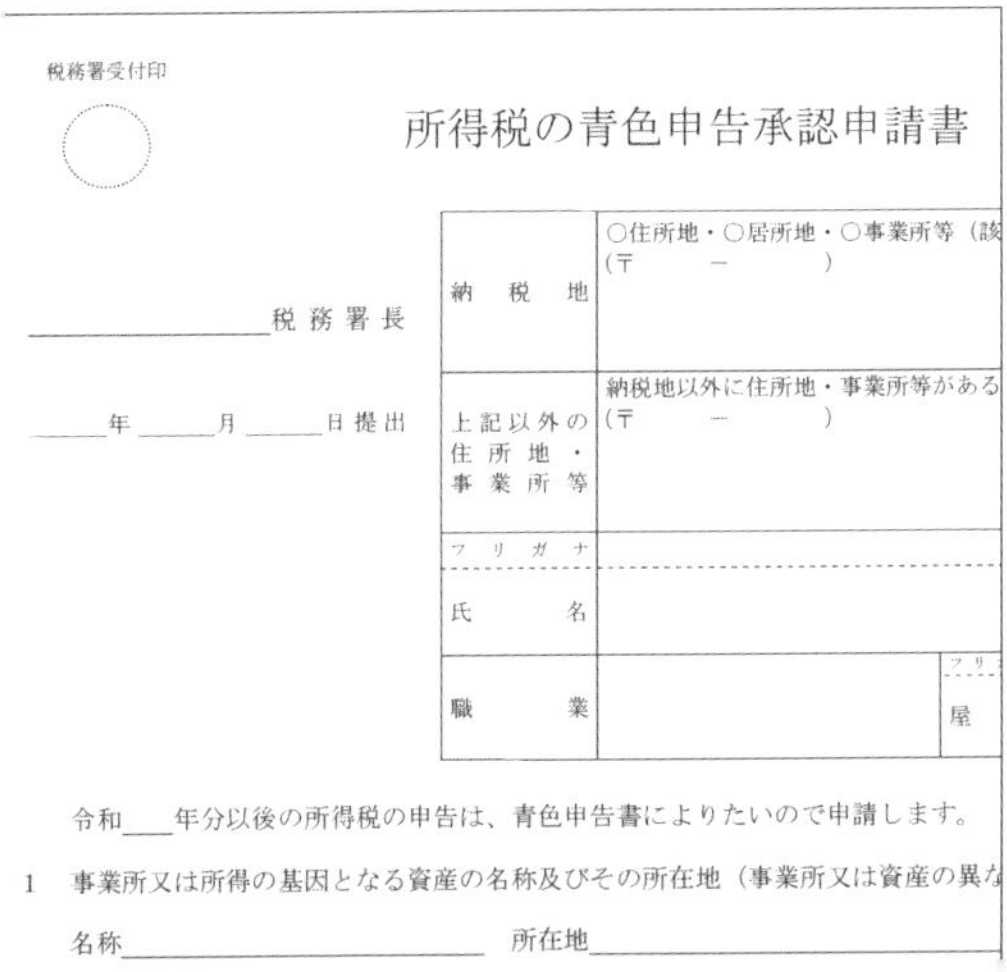
税務署受付印

所得税の青色申告承認申請書

＿＿＿＿税務署長

＿＿年＿＿月＿＿日提出

| | |
|---|---|
| 納税地 | ○住所地・○居所地・○事業所等（該<br>（〒　－　） |
| 上記以外の住所地・事業所等 | 納税地以外に住所地・事業所等がある<br>（〒　－　） |
| フリガナ | |
| 氏名 | |
| 職業 | フリ<br>屋 |

令和＿＿年分以後の所得税の申告は、青色申告書によりたいので申請します。

1　事業所又は所得の基因となる資産の名称及びその所在地（事業所又は資産の異な

名称＿＿＿＿＿＿＿＿　所在地＿＿＿＿＿＿＿＿

所得税の青色申告承認申請書

申告承認申請書」を提出しなければなりません。用紙は税務署にありますし、国税庁サイトでも打ち出し可能です。

この「青色申告承認申請書」を提出すれば、過去に税金関係で問題を起こしたりしていない限り、だいたい承認されます。

もし、この「青色申告承認申請書」を提出していなければ、自動的に「白色申告」になります。

白色申告というのは、青色申告の記帳条件などをクリアしていない事業者の税務申告のことです。税務申告をする事業者には（副業者も含む）、ある程度の記帳義務があるのですが、青色申告に比べれば、格段にハードルは低くなっています。申告書が白いので、「白色申告」という名称で呼ばれています。

## 「青色申告」とは？

ここで青色申告について、ご説明したいと思います。

本来、日本は申告納税制度を採っています。基本的に、納税者が自ら税法に従って正しく所得金額と税額を計算し、納税するというのは当たり前のことです。そして正しく申告するためには、収入金額や必要経費に関する日々の取引の状況を記帳したり、必要な書類を保存しておかなくてはなりません。

しかし、事業をやっている人は、なかなかそこまで手が回りません。特に零細の個人事業者は帳簿をきちんとつけていない人が多かったのです。もともと戦前の日本では、申告納税制度ではなく、賦課課税制度といって税務当局が各人の事業内容などを見て税金を決めていたのです。だから日本の事業者たちは記帳したり、申告をしたりすることに慣れていなかったのです。

その対策として税務当局が始めたのが「青色申告」なのです。この青色申告は、事業所得のほか、**不動産所得**、**山林所得**でも行うことができます。

日本の事業者のすべてが青色申告をしているわけではなく、だいたい6割程度とされています。

青色申告を受けるためには、まず次の2つの条件をクリアしなくてはなりません。

**・一定の条件に従って記帳し一定期間の保管を行うこと（詳細は49ページ）**

**・期限までに「青色申告承認申請書」を納税地の所轄税務署長に提出すること**

そして青色申告の申請の期限は、次のようになっています。

**1** 新たに青色申告の申請をする人
**その年の3月15日まで**

**2** 新規開業した人（その年の1月15日以前に新規に業務を開始した場合）
**その年の3月15日**

**3** 新規開業した人（その年の1月16日以後に新規に業務を開始した場合）
**業務を開始した日から2か月以内**

**4** 相続により業務を承継した場合（その年の1月15日以前に業務を承継した場合）
**その年の3月15日**

**5** 相続により業務を承継した場合（その年の1月16日以後に業務を承継した場合）
**業務を承継した日から2か月以内**

**6** 青色申告をしていた被相続人の業務を承継した場合
**相続の開始を知った日の翌日から4か月以内**

## 青色申告の条件

青色申告は、原則として、貸借対照表と損益計算書を作成する**「正規の簿記」**を行うこととなっています。

「正規の簿記」は、会計初心者にとって、かなり大きな負担です。税務署の関係団体などが記帳の指導も行っていますが、複式簿記を素人が自分だけで行うのはかなり大変です。

現金出納帳、売掛帳、買掛帳、経費帳、固定資産台帳等の帳簿を備え付けて簡易な記帳をすることも認められています。ただしこの場合は、青色申告特別控除の額が少なくなります。

帳簿および会計書類などは、原則として7年間保存することとされています。しかし、請求書、見積書、納品書、送り状など補助的な書類は5年でいいとなっています。

## 青色申告の特典

青色申告にはメリットがたくさんあります。ここでは主なものをご紹介します。

### (1) 青色申告特別控除55万円

正規の簿記で記帳し、貸借対照表と損益計算書をつくって確定申告書に添付した場合、原則として所得から55万円が控除されます。

さらにこの55万円の青色申告特別控除を受けることができる人が、電子帳簿保存するかe-Taxによる電子申告を行っている場合は、10万円を上乗せして65万円の青色申告特別控除が受けられます。

だから税率が10%の人の場合、65万円の所得控除を受ければ6万5000円の税金が安くなるのです。住民税と含めれば、**約13万円の税金が安くなる**のです。

複式簿記ではない簡易の簿記の場合は、所得控除額は10万円です。

## (2) 赤字を繰り越しできる

青色申告をしている人は、事業で赤字が出た場合、その赤字分を翌年以後3年間にわたって繰り越せます。

青色申告ではなかった場合、ある年に大きな赤字が出ても、翌年の申告はその赤字は無視して、まったくゼロからのスタートとなります。だから大赤字の翌年でも黒字が出た場合は、その黒字にまともに税金がかかってくるのです。

たとえば、1年目は100万円の赤字が出たとします。2年目には、100万円の黒字になりました。青色申告の場合は、1年目の100万円の赤字を2年目に引き継げるので、差し引きゼロとなり、1年目も2年目も所得税は課せられません。しかし、青色申告ではなかった場合は、1年目は所得税はゼロになっても、2年目からは100万円の利益に対して所得税が課せられるのです。

副業で税金を還付してもらう場合、赤字をいかに積み上げるかが大きなポイントなのです。これは大きなメリットだと言えます。

### （3）30万円未満の固定資産ならその年に経費にできる

普通は、10万円以上の固定資産を購入した場合は、その年に全部を経費にすることはできず、耐用年数に応じて減価償却しなければなりません（詳細は後述）。固定資産というのは、パソコンや自動車など何年にもわたって使用できる資産のことです。

しかし青色申告をしている人は、30万円未満の固定資産ならば、**年間の合計金額が300万円になるまで必要経費にする**ことができます。だから儲かった年には、30万円未満の備品を買いまくれば、節税をすることができます。

30万円というと、相当なものを買うことができます。テレビ、ブルーレイなどはもちろん、最新式のパソコンも購入可能です。中古車なども買うことができるでしょう。

これは今のところ令和6年3月31日までに時限的な制度です。ただし長年、延長されてきた制度なので、今後も延長される可能性が高いです。

### （4）家族従業員に給料が払える

青色申告をしている人は、妻などの家族がその事業の手伝いをしている場合に、給料を払うことができます。つまり、家族への給料を事業の必要経費として計上することができるのです。

副業の場合でも、家族を従業員にして給料を払うこともできます。なので、経費を減らすという面でも、非常に大きなメリットだといえます。

白色申告も家族に対して給料を出すことが認められています。しかし金額の制限があり、しかも赤字申告の場合は給料は出せません。

## (5) 貸倒引当金を使える

青色申告をしている人は、**貸倒引当金**というものを設けることができます。

貸倒引当金というのは、売掛金、貸付金などの貸金の貸倒れによる損失の見込額として、年末の残高の5・5%までを貸倒引当金として計上し、必要経費に算入できるものです。ただし、金融業の場合は3・3%になります。

この貸倒引当金は、その年に貸し倒れが発生すれば、この引当金で弁済されることになります。その年に貸し倒れが発生しなければ、翌年に繰り越されることになります。

## 青色申告のデメリット

このように青色申告は確かに特典がたくさんありますが、デメリットもあります。

まず会計初心者にとって、「正規の簿記」を行うということは、かなり大きな負担です。税理士に頼んだりすれば、特別控除額以上の費用がかかってしまいます。

また青色申告を行うと税務署の目が厳しくなります。会計が整備されていることが前提になるので、**ちょっとしたミスや不正も許さない**、という姿勢になるのです。

さらに青色申告をしている人は、税務署にとっては調査が楽ということになります。帳簿や帳票類がきちんと整備されているわけですから、税務署としては、経理内容を調べやすいのです。何かを誤魔化《ごまか》していたり、悪いことをしたとき発覚しやすくなるわけです。そもそも税務当局が青色申告をつくった狙いは、そこにあるのです。

## 「青色申告」「白色申告」のメリット・デメリット

| | 青色申告 | | 白色申告 |
|---|---|---|---|
| 特別控除 | 青色特別控除 65万円 | 10万円 | なし |
| 決算書の作成 | 貸借対照表・損益計算書 すべて記入 | 一部未記入でも可 | なし（収支内訳書を作成） |
| 決算書の種類 | 青色申告決算書、確定申告書B | | 収支内訳書、確定申告書B |
| 記帳義務 | 正式な複式簿記 | 簡易簿記（単式簿記） | 簡易簿記（単式簿記） |
| 計上タイミング | 発生主義 | 発生主義<br>現金主義<br>＊現金主義を選択した場合、特別控除は10万円に減額される | 現金主義 |
| 事前の届出 | あり | | なし |
| 開業届 | あり | | なし |
| 専従者給与（家族への給与） | 青色専従者給与<br>家族の給与は基本的に全額経費として認められる | | 専従者控除<br>配偶者：最大86万円<br>配偶者以外：最大50万円 |
| 赤字の繰越 | 損失の繰越控除<br>3年間繰り越しOK | | なし |

控除はあるけれど決算書の作成が難しい！

決算書は少し楽だけれど青色特別控除額が大幅に減額

控除はないけれど決算書は簡単！

## 白色申告とは？

青色申告は、たくさんのメリットがあるけれど、記帳が大変で税務署の目も厳しいということを述べてきました。一方の白色申告はどうなのでしょう？

白色申告は、確かに青色申告に比べて記帳の義務は緩《ゆる》いです。しかし白色申告でもまったく記帳をしなくていいというわけではありません。

国税庁のサイトによると、「売上などの総収入金額と仕入れその他必要経費に関する事項」となっています。また「記帳に当たっては、一つ一つの取引ごとではなく、日々の合計金額のみをまとめて記載するなど、簡易な方法で記載してもよい」となっています。

この白色申告者の記帳は、以前は、年間の所得が300万円以上の個人事業者に限られていました。しかし平成26年からは、すべての事業者が記帳をしなければならなくなりました。

また領収書などの証票類は、5年間とっておかなければなりません。ただし、どれとどれを取っておかなければならない、という指定はありません。経理に関する証票類は残しておけ、ということです。

このように白色申告でもある程度の記帳は必要なわけですが、それでも青色申告に比べれば格段に簡単です。

白色申告の記帳は、だれにいくらの売上があって、いくらの経費をだれだれに払ったということを記載していればいいのです。普通の事業者であれば、このくらいの記録はだいたいつけているはずです。白色申告は、会計の初心者でも問題なく申告できるといえます。

実際に、白色申告の事業者で税理士などに依頼する人はあまりいません。

## 青色申告をしたほうがいい人

税務当局や市販の税金の解説本などでは必ずと言っていいほど、青色申告をすすめています。

確かに青色申告にすれば、特典の税控除はだいたい10万円以上の節税になりますし、赤字の場合や家族を従業員にする場合などにも有利です。

しかし、ここまで述べてきましたように青色申告の恩恵を受けるには、会計初心者にはかなりシンドイものがあります。

昨今は、会計ソフトなどが充実し、経理自体は簡単にできるようになっています。それでも経理内容を理解し青色申告をするためには、やはりそれなりのスキルが求められます。会社の経理に匹敵するくらいの労力が必要になります。

また青色申告特典の税控除を満額の65万円受けるには、複式簿記の作成に加えて、電子申告（E-TAX）をするか電子帳簿の保管をしなければなりません。

電子帳簿というのは、パソコンなどのデジタルデータで記録された帳簿のことです。日々の取引の記録をすべて電子帳簿で保存しなければなりませんし、電子帳簿には改ざん防止の処理がされていること、検索機能がついているなどの厳しい条件もついています。

そのため条件をクリアしたパソコンソフトなどを用意しなくてはなりません。この電子帳簿の保管をするか電子申告をしなければ、青色申告の税控除は55万円となります。

副業をする人の場合、なかなかこれだけの条件をいきなりクリアするのは難しいでしょう。だから、もしこれが難しいと思えば、白色申告で気楽に申告するほうがいいでしょう。

経理や会計ソフトに強かったり、この際、会計にも強くなりたいと思っているような人は青色申告に挑戦してみてください。

# 減価償却方法の届出書

次に青色申告申請書以外に、開業に必要な届出書をご説明します。

まずは**「減価償却方法の届出書」**です。

これは減価償却において定額法を使いたい人が出す書類です。この届出書を出さなければ、自動的に定率法になります。用紙は税務署にありますし、国税庁サイトで打ち出し可能です。

減価償却というのは、「何年にもわたって使用する10万円以上のもの」を購入した場合、その年に一括して経費に計上するのではなく、使用する期間に按分《あんぶん》して経費化する制度です。たとえば5年間使用できる50万円のものを購入した場合、最初の年に50万円を一括して経費にするのではなく、5年間で少しずつ経費にしていく制度です。

事業者は、10万円以上の事業用資産を購入した場合は、

税務署受付印
減価償却資産の償却方法の届出書
令和　年　月　日
税務署長殿
納税地 〒
（フリガナ）
法人名等
法人番号
（フリガナ）
代表者氏名
代表者住所 〒
事業種目
連結子法人（届出の対象が連結子法人である場
（フリガナ）
法人名等
本店又は主たる事務所の所在地 〒 （　局　署）
電話（　）　－
（フリガナ）
代表者氏名
※税務署処

減価償却資産の償却方法の届出書

この減価償却をしなければなりません。

この減価償却には、いくつか方法があります。特別な方法をとる場合には、この「減価償却方法の届出書」を出す必要があるのです。

この書類は事業開始して最初の確定申告の期限までに提出します。

ただ、普通の減価償却方法でいいという人は、この届出書は提出する必要はありません。

## 「消費税課税事業者の届出書」とインボイス登録

日本で事業を始める場合、原則として事業者は消費税を納税する義務があります。が、年間売上が1000万円以下の事業者や、事業をはじめて2年以内の事業者は、消費税の納税が免除されています。

だから副業を始めても2年以内であれば、本来は消費税の納税はしなくていいことになっています（**売上が非常に大きい場合は納税の義務が生じます**）。

しかし2022年からインボイス制度が始まったために、業種によっては、消費税納税が免除されている事業者でも、あえて消費税を納税する「課税事業者」にならなくてはならないケースもあります。

その場合には、「消費税課税事業者の届出書」を税務署に提出し、インボイス登録をしなくてはなりません（詳細は130ページ）

## 副業で「事業税」が課せられることもある

副業をする際には、所得税、消費税のほかに**事業税が課せられる**こともあります。

事業税とは、一定以上の規模で事業を行っている個人事業者に課せられる税金です。

この事業税は個人の所得税と同じように、利益（所得）に対してかかってくる税金です。

ところが所得税とは若干、違う仕組みがあります。

まず事業税は、次ページの表の70の業種にしか課せられません。この表の中にない業種、たとえば執筆業などは課税の対象外ということになります。

また事業主控除というのが290万円あります。だから売上から経費を差し引いた事業所得が、最低でも290万円以上にならないと課税されないのです。売上から経費を差し引いて290万円以上になるということは、売上の規模としてはだいたい1000万円以

## 事業税がかかる70業種

**●第１種事業（37業種）**
**税率５％**

物品販売業、運送取扱業、料理店業、遊覧所業、保険業 船舶定係場業、飲食店業、商品取引業、金銭貸付業、倉庫業、周旋業、不動産売買業、物品貸付業、駐車場業、代理業 広告業、不動産貸付業、請負業、仲立業、興信所業、製造業、印刷業、問屋業、案内業、電気供給業、出版業、両替業 冠婚葬祭業、土石採取業、写真業、公衆浴場業（むし風呂等）、電気通信事業、席貸業、演劇興行業、運送業、旅館業、遊技場業

**●第２種事業（3業種）**
**税率４％**

畜産業、水産業、薪炭製造業

**●第３種事業（30業種）**
**税率５％**

医業、公証人業、設計監督者業、公衆浴場業（銭湯）、歯科医業、弁理士業、不動産鑑定業、歯科衛生士業、薬剤師業、税理士業、デザイン業、歯科技工士業、獣医業、公認会計士業、諸芸師匠業、測量士業、弁護士業、計理士業、理容業、土地家屋調査士業、司法書士業、社会保険労務士業、美容業、海事代理士業、行政書士業、コンサルタント業、クリーニング業、印刷製版業、あんま・マッサージ又は指圧・はり・きゅう・柔道整復 その他の医業に類する事業、装蹄師業

※第３種事業のうち、以下の業種は税率３％
あんま・マッサージ又は指圧・はり・きゅう・柔道整復 その他の医業に類する事業、装蹄師業

上ということになります。つまりは、おおむね1000万円以上の売上がある事業者じゃないと、この事業税は課せられないのです。

だから副業で事業税がかかってくるケースは、めったにあるものではありません。逆に言えば事業税がかかるようになれば、**副業としてはかなり成功している**ということです。

事業税の税率は、業種によって3%、4%、5%の三段階になっています。

## 所得税とは別な申告が必要な事業税

この事業税の大きな特徴は、所得税とは別に申告が必要だということです。

副業で収入が増えれば住民税も増額されます。しかも住民税の場合、所得税と連動していますので、住民税の申告をしなくても所得税の申告をしていれば自動的に課されます（所得税とは別に住民税の申告をしてもOK）。

しかし事業税の場合は、所得税の申告をしていればOKということではなく、別個に申告をしなければならないのです。

また事業税の窓口は、都道府県税事務所です。

所得税、消費税は税務署であり、住民税も所得税の申告をすれば連動されるので、所得税、消費税、住民税は税務署で申告をすればいいのです。ところが事業税だけは都道府県税事務所に申告しなければならないのです。

詳細は、お住まいの都道府県税事務所にお尋ねください。

事業税が課せられる業種というのは、あいまいな点があります。

たとえば出版業は課税されることになっているのに、編集業は課税対象業種にはなっていません。またイラストレーターなどは、デザイン業であれば課税になっても、画家であれば課税対象業種にはなっていません。イラストレーターがデザイン業に該当するのか、画家に該当するのか今のところ明確な線引きはありません。

確定申告書などで事業内容を書く欄に、事業税に該当する70業種以外の業種を記載していれば課税されない可能性が高いのです。

ただこれは厳密な線引きがされていないだけであって、70業種の中に入っていないからといって、必ず課税されないというわけではありません。また申告書には違う業種を書いていても実体を調べられて、課税業種に認定される可能性もあります。

# 第3章

# 事業を
# 赤字にする方法

# 個人事業者の税金の決め方

この章からは、具体的に赤字申告をする手順をご紹介していきます。まずは事業をして確定申告をする場合の税金の仕組みをざっくり説明したいと思います。

個人事業者の税金というのは、その年に儲かったお金（所得）に対してかかってきます。この所得というのは、事業でいわれるところの「利益」にあたるものです。所得税も住民税も事業税も基本的には同様です。

だから個人事業者は、まずその年に儲かったお金（所得）を計算することになります。そして、どれだけ儲かったかという計算は、基本的には売上から経費を差し引いて算出します。

その残額が儲かったお金、つまり所得となるのです。その所得に対して、所得税がかかることになります。この計算式は青色申告でも白色申告でも同様です。また住民税や事業税も基本的にこの計算式となります。

## 個人事業者の税金の決め方

事業の売上 − 事業の経費 ＝ 事業所得

（事業所得 − 所得控除）× 税率 ＝ 所得税

↑

住民税の所得割も連動

個人事業者の税金は、売上から経費を差し引いて算出するもので、経費が税金に大きく影響します。

売上というのは相手があることですから、恣意《しい》的に増減することはなかなか難しいものがあります。しかし、**経費は自分の意志で増減することが可能**です。そして経費が多ければ税金は少なくなり、経費が少なければ税金は多くなるのです。

経費というのは、事業の中で必要な支出のことです。

一般的には、商品や材料の仕入れ代金、事務所の家賃、人件費、通信費、交通費などが想像されることでしょう。

ところが個人事業者に認められている経費というのは、けっこう範囲が広いです。自宅家賃や光熱費、交際費、家族への給料なども場合によっては計上することができます。

## 主な経費の種類

| | |
|---|---|
| **給料賃金** | 人を雇った場合に支払った給料や賃金 |
| **外注費** | 仕事の一部を業者に依頼したときの代金 |
| **減価償却費** | 固定資産を購入した際の減価償却費 |
| **地代家賃** | 建物や土地を借りたときの賃料 |
| **支払利子** | 事業のためにお金を借りたときの利子 |
| **旅費交通費** | 出勤、出張したときなどの交通費 |
| **通信費** | 事業での電話、ネットなどにかかった費用 |
| **接待交際費** | 接待交際にかかった費用 |
| **損害保険料** | 事業上での損害保険に加入したときの保険料 |
| **修繕費** | 事業に使う設備、機械などを修繕する費用 |
| **消耗品費** | 消耗品を購入した費用 |
| **福利厚生費** | 福利厚生にかかった費用 |
| **雑費** | その他の雑多な費用 |

個人事業者の経費として認められている基準は、ざっくり言うと「事業に関係している支出かどうか」という点です。事業に関係している支出であれば、おおむね経費となるのです。

そしてこの経費を積み上げることによって、事業を赤字にし、税金還付を受けるということなのです。

# 事業のための機材や設備を整えよう

経費を積み上げる方法として、まず考えていただきたいのが「事業のための機材や設備を整える」ことです。

副業といえども、事業をするにはそれなりの機材や設備を整えなくてはなりません。たとえばネットで何かを売る商売を始める場合には、まずパソコンが必要ですし、アプリなども必要となるでしょう。YouTuberになろうと思えば、撮影機材なども必要となります。

そういう事業のための機材や設備を整えることで、経費を積み上げるのです。

そうすれば、事業をやるための設備投資をしながら節税もできるのです。

ただし機材や設備を購入する際には、まずは一つの機材を**10万円未満に抑える**ことを考えましょう。10万円以上のものを買うと、減価償却をしなければならなくなるからです。減価償却も上手に使えば、大きな節税策となり得るのですが、手っ取り早く経費を積み上げるには10万円未満のほうがいいのです。

また青色申告をしている人は、前述したように、10万円未満ではなく30万円未満の固定資産までは、減価償却をせずに一括して経費に計上することができます。ただし、これができるのは、年間の合計金額が300万円までです。

ただし、この特例を受けるには条件があります。

青色申告決算書の「減価償却費の計算」欄を記載して確定申告書に添付して提出します。そして、少額減価償却資産の取得価額の明細を保管しておかなければなりません。

減価償却費の記載例

FA7051

（令和五年分以降用）

○売上（収入）金額の明細　※ 登録番号を記載する場合には、先頭に「T」を付けた上で13桁の数字を記入してください。

| 売上先名 | 所在地 | 登録番号（法人番号）（※） | 売上（収入）金額 |
|---|---|---|---|
| ビジネス社 | 東京都新宿区矢来町114 | | 600,000円 |
| エコノミー社 | 東京都中央区1 | | 400,000 |
| | | | |
| | | | |
| 上記以外の売上先の計 | | | |
| 右記①のうち軽減税率対象 | うち　円 | 計 | ① 1,000,000 |

○仕入金額の明細

| 仕入先名 | 所在地 | 登録番号（法人番号）（※） | 仕入金額 |
|---|---|---|---|
| | | | 円 |
| | | | |
| | | | |
| | | | |
| 上記以外の仕入先の計 | | | |
| 右記⑧のうち軽減税率対象 | うち　円 | 計 | ⑧ |

◎本年中における特殊事情

○減価償却費の計算

| 減価償却資産の名称等（繰延資産を含む） | 面積又は数量 | 取得年月 | ㋑取得価額（償却保証額） | ㋺償却の基礎になる金額 | 償却方法 | 耐用年数 | ㋩償却率又は改定償却率 | ㋥本年中の償却期間 | ㋭本年分の普通償却費（㋺×㋩×㋥） | ㋬特別償却費 | ㋣本年分の償却費合計（㋭＋㋬） | ㋠事業専用割合 | ㋷本年分の必要経費算入額（㋣×㋠） | ㋦未償却残高（期末残高） | 摘要 |
|---|---|---|---|---|---|---|---|---|---|---|---|---|---|---|---|
| パソコン | 1 | 令年6月.1 | (200,000)円 | 200,000円 | 定率 | 4年 | 0.400 | 12月/12 | 80,000円 | 円 | 80,000円 | 100% | 80,000円 | 120,000円 | |
| | | ・ | ( ) | | | | | /12 | | | | | | | |
| | | ・ | ( ) | | | | | /12 | | | | | | | |
| | | ・ | ( ) | | | | | /12 | | | | | | | |
| | | ・ | ( ) | | | | | /12 | | | | | | | |
| | | ・ | ( ) | | | | | /12 | | | | | | | |
| 計 | | | | | | | | | | | | | ⑬ | | |

（注）平成19年4月1日以後に取得した減価償却資産について定率法を採用する場合にのみ㋑欄のカッコ内に償却保証額を記入します。

○利子割引料の内訳（金融機関を除く）

| 支払先の住所・氏名 | 期末現在の借入金等の金額 | 本年中の利子割引料 | 左のうち必要経費算入額 |
|---|---|---|---|
| | 円 | 円 | 円 |
| | | | |

○地代家賃の内訳

| 支払先の住所・氏名 | 賃借物件 | 本年中の賃借料・権利金等 | 左の賃借料のうち必要経費算入額 |
|---|---|---|---|
| ビーブル社 | マンション | 権更 賃 75,000円 | 50,000円 |
| | | 権更 賃 | |

－2－

# 少しでも事業に関係していれば経費にできる

この機材や設備に関しては、多少、私用で使っていても大丈夫です。

「私用で使うパソコンや家具などを経費にできるのか？」

と疑問に思う人も多いでしょう。

確かに純然たる私用のものを事業の経費に計上することはできません。しかし事業に関連するもの、事業に使うものであれば、経費に計上することができるのです。

今時、パソコンを仕事で使わない人はいないでしょう？

また家具なども仕事場に置いているもの、仕事関係の来客のために使うものなどは、事業用とすることができます（仕事と私用の両方に使っている場合は、仕事部分と私用部分に按分しなければなりません。が、これには明確な基準はありません）。

機材などを購入する場合、どこまでが事業に関係するもので、どこからが関係しないものかの区別がつかないという人も多いでしょう。

その点をちょっと説明しておきましょう。

たとえばテレビを購入したとします。テレビを事業用として経費に算入できるかどうかは、なんとも言えません。

要は仕事に関係するかどうかです。少しでも事業に関係していればOKですが、無関係ならば難しいでしょう。

オフィスか仕事をする部屋に置いておき、仕事中につけたり、来客のときにつけたりしているのならOKです。自分の部屋に置いていて、プライベートで見ているだけならばダメでしょう。

ただテレビで事業関係のことを頻繁に情報収集していれば別です。YouTuberが、テレビを見てネタを探したり、ネット販売者がテレビで商品の研究をしたりするのであれば、そのテレビは経費に計上できます。

とにかく、事業で使っているならば、**どんなものでも経費で落とすことができる**のです。

これらの備品をローンで買えば、お金は出ていかないのに、経費は計上できることになります。

気をつけなくてはならないのが、セットで使うものはセットで10万円以上になったら一括経費化はダメということです。

たとえば、ソファセットを買った場合、ソファとセットのテーブルが、単独ではそれぞれ10万円未満になっていても、セットで10万円以上になっていれば、固定資産にし、減価償却しなければならないのです。セットで使用するものは、セットでいくらかが問われるのです。

固定資産として減価償却しても最終的には全部経費にはできるのですが、手っ取り早く買った年のうちに全額経費にすることはできません。だから、なるべくなら一括経費化できる10万円未満（青色申告は30万円未満）に収めたほうがいいでしょう。

減価償却の方法は、第4章で詳しく説明します。

## 消耗品を購入しよう

機材や設備などを購入したら、次は消耗品を購入しましょう。

**消耗品も税金を減らすための強いアイテム**です。

事業で使う消耗品をすべて積み上げれば、けっこう大きい額になるものです。たとえばパソコン関係のサプライをちょっと充実させれば、すぐに数万円、数十万円になります。

ほかにも事務関係、台所関係を見回せば、けっこう消耗品はあるものです。消耗品は必ず使うものだから、たくさん買っても損はないのです。

消耗品は基本的には、原則としてその年に使ったものだけが損金（経費）となります。事務用消耗品、作業用消耗品、包装材料、広告宣伝用印刷物などは、購入した事業年度の経費とできるようになっているのです。

ただし、それも無制限に経費としていいわけではなく、次の3つの要件を満たさなければなりません。

**1　毎月おおむね一定数を購入するものであること**
**2　毎年経常的に購入するものであること**
**3　処理方法を継続して適用していること**

## 自宅の家賃も経費にできる

事業を始めたとき、生活に関連するさまざまな支出を事業の経費に計上できる場合があります。もちろん、生活関連費を事業の費用に計上できれば、それだけ税負担は安くなるわけです。

よく「自営業者はサラリーマンに比べて税金が安い」と言われます。それは自営業者が**生活関連のさまざまな費用を事業経費に計上している**からなのです。

ただし生活関連費を経費にする場合、その費用は「事業が主であること」「明確に事業と生活費を区分できること」が条件となります。

「経費に計上できる生活関連費」の最たるものが家賃です。

事務所や店舗を構えずに、自宅で仕事をしているという個人事業者もけっこういます。特にフリーランスで仕事をしているような人は、そういう場合が多いようです。

この場合の自宅の家賃や光熱費などを経費に計上することができるのです。

ただ自宅家賃、光熱費を経費にする場合、全額を計上することはできません。

あくまで事業に関する部分のみです。だから原則としては、プライベートで使っている部分と事業で使っている部分を按分しなければなりません。

「按分の仕方」は特に決まっていないのですが、合理的でなければなりません。

たとえば、自宅のうち仕事で使っているスペースを割り出して、その広さの割合に応じて経費に計上するというようなことです。

## 家賃の6割程度を目安にする

この按分の方法がなかなか難しいものではあります。

原則からいうならば、仕事で使っている部分と、プライベートの部分を明確に分けて、その割合に応じて家賃を按分することになっています。

たとえば60平方メートルの賃貸マンションに家賃10万円で住んでいる人がいたとします。仕事には36平方メートルを使っているので、60分の36で60％、つまり10万円の60％なので6万円を経費にするのです。

これが、もっとも原則的な計算式になります。

しかし、仕事部屋と居室が明確に分かれていればいいのですが、なかなかそうもいきません。都会の狭い住居などでは、仕事部屋とプライベートの居室が兼用になっていることが多いはずです。居間でテレビを見て情報収集をすることもあるでしょうし、仕事部屋だけでは狭くなって居間で仕事をしたり、居間に仕事の道具を置いたりもするでしょう。

## 家事関連費を按分して必要経費に計上する方法

| 内容 | 按分目安 | 例 |
|---|---|---|
| 家賃 | 仕事で使っている床面積の割合 | 床面積60㎡、家賃10万円のマンションで、事務所スペースが36㎡の場合<br>36㎡÷60㎡=0.6 → 60%が仕事用<br>10万円×0.6=6万円を家賃に計上！ |
| 光熱費 | 使用時間またはコンセントの数 | 電気代が年間20万円で、月平均の消費電力が400kwh。そのうち仕事用が100kwhの場合<br>100kwh÷400kwh=0.25 → 25%が仕事用<br>20万円×0.25=5万円を水道光熱費に計上！ |
| 電話代・インターネット料金 | 使用時間 | インターネットを仕事で使うのが週5日で、年間8万円の場合<br>5日÷7日（週）＝約0.7 → 70%が仕事用<br>8万×0.7=5万6,000円をインターネット代に計上 |
| 車のガソリン代など | 走行距離または仕事に使った日数 | 年間ガソリン代が20万円で1万km走行し、そのうち仕事での走行距離が6,000kmだった場合<br>6,000km÷1万km=0.6 → 60%が仕事用<br>20万円×0.6=12万円をガソリン代に計上！ |

そういう場合は、だいたい家賃の6割程度だったら、**普通は税務署から文句は出ません**。だから、もし仕事部屋とプライベートを明確に分けることができなければ、6割を目安に経費計上すればいいということになります。

ただ、これは法律で確定していることではなく常識の範囲内での話になります。

たとえば高額家賃の広い部屋に住んでいて、仕事はその中の一室だけを使っているという場合は、家賃の6割も経費に入れるのはまずいです。その場合は、仕事で使っている部分を按分して計上すべきでしょう。

逆に非常に狭い部屋に住んでいて、そこで仕事をしている場合、仕事のスペースは8割と計上しても文句は出ないでしょう。

また別に住む場所はあるのだけど、仕事のためだけに別に部屋を借りている場合などは全額を経費に入れることができます。

## 交際費を使い倒す

事業の経費の中には、交際費というものがあります。交際費というのは、その名の通り仕事に関連した交際にかかる経費のことです。

個人事業者が**税金の上でもっとも得になる**のが、この交際費といえます。

特に酒好き、社交好きの人は、自分の遊興費の多くを「交際費」として事業の経費に計上できるのです。

この交際費は、けっこう範囲が広いものです。取引先だけじゃなく、少しでも仕事に関係する人であればＯＫなのです。

その人と一緒に飲食などをすることで、仕事上有益な情報を得られる可能性があるのならば、それは十分に交際費に該当するのです。また事業を行っている人が、その社会的付き合いから、やむを得ず参加しなければならない会合などの費用も当然、交際費に含めていいのです。

そして個人事業者の場合、この交際費の制限がないのです。

法人（会社）の場合、原則として交際費は税務上の経費にはできません。資本金１００億円以下の法人は、交際費の半額しか経費に計上できず、資本金１００億円を超える法人やその子会社は、交際費をまったく経費に計上できないのです。

しかし個人事業者には、そのような制限はありません。つまり理屈のうえでは、個人事業者は交際費を無制限に使えるのです。

## 交際費は税務署に指摘されやすい?

ただし、この交際費という経費は、税務署と見解の相違が起きやすいものでもあります。

税務署としては、私的経費が含まれているのではないかと常に疑いの目を持っています。

仕事とはまったく関係のない、私的な交際費であれば経費にできませんので、税務署はそれを見つけたいのです。そしてあの手この手で交際費を否認してこようとします。

しかし先ほども述べましたように、交際費は少しでも仕事に役に立ちそうな交際であれば大丈夫なのです。

また交際費が仕事に関連するかどうかの明確な基準はありません。

その場合、何が判断基準になるかというと、まずは納税者が**「交際費と判断したかどうか」**です。

日本は申告納税制度を採っているので、原則として納税者の申告は認められるのです。

税務署側が、その交際費を否認するための明確な証拠を持っていない限り、否認することはできないのです。

また税務署は、「交際費が多すぎる」などと文句を言ってくることもあります。ところが交際費が多すぎるからといって否認できるものではありません。一つ一つの交際費が交際費に該当しているのであれば、多すぎるからダメなどということはありえないのです。

だから税務署に対して、しっかり主張しましょう。そして税務署の口車に乗らないようにしましょう。

ただし交際費について、税務署の目が厳しいことは確かなので、領収書や相手先などの記録はきちんと残しておく必要があります。

## 家族への給料を計上できる「専従者給与」とは?

起業すれば、家族に給料を払うこともできます。

青色申告の個人事業者には「専従者給与」という支出が認められています。

「専従者給与」とは妻や親、子供などが、その事業の手伝いをしている場合、一定の支出を認めるという制度です。

青色申告の場合は、この専従者給与には限度額はなく、いくらでも専従者への給料を出せます。

ただし給料支払いの対象となる家族は、事業者と生計を一にしていて、年齢が15歳以上となっています。配偶者控除の対象となっている家族、扶養控除の対象となっている家族は、この給料支払いの対象とはなりません。

また給料の額は、事前に届出書を出さなければなりません。届出書に記載された範囲の額までであり、いくら儲かった年でもそれ以上は出すことはできません。この点が、会社（法人）をつくって家族に給料を払うときと大きく違う点です。

家族に給料が払えるといっても、その業務の対価として適正でなければなりません。著しく高い給料は認められません。

白色申告の場合は、「専従者給与」の支払いは認められていませんが、その代わり「専従者控除」というものが認められています。これは妻（配偶者）は年間86万円、他の親族ならば年間50万円が「専従者控除」として事業の経費とできるというものです。青色申告と違って、事前に税務署への届け出などは必要ありません。

ただし白色申告の場合、事業所得を専従者の数に1を足した数で割った金額が上限となります。たとえば専従者控除を差し引く前の事業所得が140万円で、専従者の数が1人だった場合、140万円割る2で70万円が専従者控除の限度額となります。

つまり白色申告では、事業所得が黒字じゃないと専従者控除を受けることはできません。なので「副業で赤字を出して税金を還付してもらう」という場合には、利用できません。

## 「視察旅行」をして旅行代を経費に落とす

旅行もうまくやれば事業の経費で行くことができます。

基本的な考え方として、「事業のための旅行」をするのです。

事業の業務であれば、当然、旅行代は経費で出すことができます。

「でも事業で旅行するのだったら、遊びなどはできないじゃないか？」

と思われた人もいるでしょう。

もちろん、基本的にはそうです。

が、ただの出張ではなく、あなたの行きたいところに「出張として」行けば、仕事でもあり、レジャーでもある旅行が可能となるのです。

よくテレビ番組で「ご褒美《ほうび》ロケ」というのがあります。

ハワイとかグアムなどでロケをやって、出演者のご褒美をかねて番組をつくるというものです。考え方としては、それと同じことです。

ビジネスが国際化している昨今、海外に行こうと思えばなんとでもこじつけられます。

「中国に進出したいので、その視察をした」

「東南アジアの市場を開拓したいので調査のために」

などということにすれば、それを覆《くつがえ》すことはなかなかできません。

というより役人や議員もそういうことを時々やっているのです。彼らは税金を使ってそれをやっているわけですから、**自分で稼いだ金で行くことに文句を言われる筋合いはない**のです。

ただし「事業の業務」なのだから、業務という体裁《ていさい》は整えなくてはなりません。業務に関係する視察も行わなければなりませんし、出張中の記録も残しておかなければなりません。

# 携帯電話代や本、雑誌代も会社で払ってもらう

自分の携帯電話料金も、事業の経費にすることができます。

携帯電話は、私用で使うこともありますが、少なからず仕事で使うはずです。大企業でも携帯を会社が支給しているところも多いのです。だから事業の経費として携帯代を支払うのは、問題ないのです。

ただし、これも家賃などと同様に、個人で使っている部分と事業で使っている部分があれば、合理的に按分しなければなりません。

また副業を始めたいと思っている人には読書好きな人も多いと思いますが、この書籍代も経費で落とすことができます。

書籍は、費用として認められる範囲が広いのです。費用として認められる書籍は、事業に直接関係あるものだけではありません。ほんの少しでも仕事に関係のある本ならば、ＯＫなのです。

どんな本でも、「情報収集」になりえるからです。週刊誌などでも、重要な情報源ですから、当然、費用として認められます。

業界や世間の動向をつかむため**一般知識を得るなどの研鑽《けんさん》**のために、買った本や雑誌、もちろんＯＫです。

書籍代を会社の経費で落とせば、けっこう節税になります。本一冊は１０００円程度でも、読書家の方は、けっこう買うものでしょう？

たとえば月５０００円、書籍代に使っている場合、年間６万円です。これが事業の経費として計上できるのです。

買った本の領収書などは当然、残しておいたほうがいいでしょう。だから本を買ったときは、領収書をもらうかレシートを保管しておく癖をつけましょう。

しかし、いくら経費として認められる範囲が広いからって、あまり調子に乗るといけません。以前、どこそこかの政治家がエロ本を事務所経費で落としていたのが見つかり世間に叩かれたことがありました。さすがにそこは社会通念上、認められないことになります。

最近のレシートは、本の種類までちゃんと出てくるものもあるので、気をつけましょう。

ただし、少しでもエロに関係する事業をしているのであれば、経費で認められます。

# 節税の王様「経営セーフティー共済」とは？

副業を始めるときに知っておきたい節税アイテムとして、「経営セーフティー共済（中小企業倒産防止共済制度）」というものがあります。

この「経営セーフティー共済」とは、取引先に不測の事態が起きたときの資金手当てをしてくれる共済です。

簡単にいえば、毎月いくらかのお金を積み立てておいて、もし取引先が倒産とか不渡り出して被害を被った場合に、積み立てたお金の10倍まで貸してくれるという制度です。

この「経営セーフティー共済」のどこが節税になるかというと、掛け金が全額経費に計上できるのです。しかも4年以上経過すれば全額を引き出すことができるので、事実上、貯金と変わらないのです（利息はつきませんが）。

たとえば毎月5万円、年間60万円の掛け金を支払ったとします。すると、掛け金の年間60万円をまるまる経費に計上できるのです。

つまり経費を使いながら、資産を蓄積できるのです。さらに1年分の前払いもでき、払ったときの事業年度の経費に入れることができます。

掛け金は、もし不測の事態が起こらなかった場合は、40か月以上加入していれば全額解約金として返してもらうことができます。40か月未満で解約することもできますが、若干返還率が悪くなります。

また積立金の95%までは、不測の事態が起こらなくても借り入れることができます。この場合は利子がつきますが、それでも0・9%という低率です（2023年6月現在）。なので運転資金が足りないときには、この積立金を借りることができます。

つまり、「経営セーフティー共済（中小企業倒産防止共済制度）」は倒産防止保険がついた預金のようなものです。金融商品として見ても、非常に有利なものといえます。

国が全額出資している独立行政法人「中小企業基盤整備機構」が運営しているので、この機関自体がつぶれる心配はありません。

経営セーフティー共済は、掛け金の額を5000円から20万円まで自分で設定できます。最高額の掛け金にして全額を前払いにすれば、削減できる利益は「240万円」となります。

また途中で増減することもできます。なのではじめの掛け金は、節税のために最高額に

## 中小企業倒産防止共済制度の概要

加入資格
・1年以上事業を行っている企業
・従業員300人以下または資本金3億円以下の製造業、建設業、運輸業その他の業種の会社及び個人。
・従業員100人以下または資本金1億円以下の卸売業の会社及び個人。
・従業員100人以下または資本金5,000万円以下のサービス業の会社及び個人。
・従業員50人以下または資本金5,000万円以下の小売業の会社及び個人。
・ほかに企業組合、協業組合など。

掛金
・毎月の掛金は、5,000円から200,000円までの範囲内（5,000円単位）で自由に選択できる。
・加入後、増・減額ができる（ただし、減額する場合は一定の要件が必要）。
・掛金は、総額が800万円になるまで積み立てることができる。
・掛金は、税法上損金（法人）または必要経費（個人）に算入できる。

貸付となる条件
加入後6か月以上経過して、取引先事業者が倒産し、売掛金債権等について回収が困難となった場合。

貸付金額
掛金総額の10倍に相当する額か、回収が困難となった売掛金債権等の額のいずれか少ない額（一共済契約者当たりの貸付残高が８０００万円を超えない範囲）。

貸付期間
5年（据置期間6か月を含む）の毎月均等償還。

貸付条件
無担保・無保証人・無利子（但し、貸付けを受けた共済金額の1/10に相当する額は、掛金総額から控除される）。

一時貸付金の貸付け
加入者は取引先事業者に倒産の事態が生じない場合でも、解約手当金の範囲内で臨時に必要な事業資金の貸付けが受けられる。

加入の申込先、問い合わせ先
中小企業基盤整備機構（中小機構）、金融機関の本支店・商工会連合会・市町村の商工会・商工会議所・中小企業団体中央会など。

しておいて景気が悪くなったら減額するという手も使えます。

ただしこの経営セーフティー共済は、1年以上事業を続けている事業者しか加入できません。だから副業を始めて2年目になる人はぜひ覚えておきたい制度です。

# 第4章

# 車を買う<br>という節税策

## 「事業に関係する高いものを買う」という節税策

経費を積み上げる方法として、**「事業に関係する高いものを買う」**というものがあります。

たとえば、車です。

事業に車を使うことは、よくあることです。

「ＹｏｕＴｕｂｅｒがロケに行く」

「ネットの販売業者が何かいい商品がないかいろんな店に見に行く」

など副業であっても、車を使う機会はいくらでもあるわけです。

「事業のために車を使って移動する機会」があるならば、車を事業のために使ったということがいえるのです。

ただし車などの高いものを購入した場合、ちょっと面倒な計算をしなければなりません。

前章で述べましたように、白色申告では10万円、青色申告では30万円までの買い物であれば、その年に一括して経費で落とすことができます。しかし、それ以上の高額のものを購入した場合は、「減価償却」をしなければならないのです。

この減価償却は、経理初心者にはあまりなじみがなく、また難しそうな語感なので「減価償却」と聞いただけで拒絶反応を起こす人もいるようです。経理を勉強する人にとって、一番わかりにくいのが減価償却だといえます。しかし減価償却はそう難しいものではありません。

また減価償却を覚えれば、経費の範囲が飛躍的に広がります。

特に仕事で車を使ったり、家を仕事場にしているような人には、**大事なスキル**です。

この減価償却を簡単に説明したいと思います。

### 減価償却の対象になる資産

### 減価償却の耐用年数の例

| 構造・用途 | 耐用年数 |
|---|---|
| ラジオ、テレビ、音響機器 | 5年 |
| パソコン（サーバー用のものを除く） | 4年 |
| 自動車（普通車） | 6年 |
| 冷暖房用機器 | 6年 |
| 電気冷蔵庫、電気洗濯機 | 6年 |
| 接客業用以外の応接セット | 8年 |
| 時計 | 10年 |
| エレベーター | 17年 |
| 鉄骨鉄筋コンクリート建物（事務所用） | 50年 |

減価償却というのは、「何年にもわたって使う高額のもの（固定資産）」を購入した場合、買った年の費用として一括計上するのではなく、耐用年数に応じて費用化するものです。たとえば5年の耐用年数がある100万円の電化製品を買った場合、1年間に20万円ずつ、5年間にわたって費用計上していくのです。この費用計上のことを減価償却費というのです。本当はもっと複雑な計算を要しますが、仕組みとしてはこういうことです。

減価償却をする対象となる「固定資産」は取得価額が10万円以上のものです。10万円未満のものを購入した場合は、全額をその年の費用として計上していいのです。

また取得価額が10万円以上20万円未満のものを購入した場合は、減価償却をしないで、使用した年以後3年間にわたりその取得価額の3分の1相当額ずつを必要経費とすることができます。

## 減価償却には「定額法」と「定率法」がある

減価償却の方法は、定額法と定率法というのがあります。

定額法は耐用年数に応じて「毎年同じ額だけ」の減価償却費を計上していきます。

一方、定率法というのは、資産の残存価額に一定の率をかけて、毎年の減価償却費を計上するという方法です。

定額法は、毎年同じ額の減価償却ができるのに対し、定率法は最初のうちは減価償却額が多く、だんだん少なくなってくるという特徴があります。だから、早く減価償却費を出したい場合は、定率法を選ぶべきでしょう。

定率法にするか定額法にするかは、事業者が自分で選択することができます（不動産の場合は定額法のみ）。

定率法にしたい場合は、申告前までに税務署に届出書を出さなくてはなりません。もし定率法の届け出を出さな

減価償却の耐用年数の例

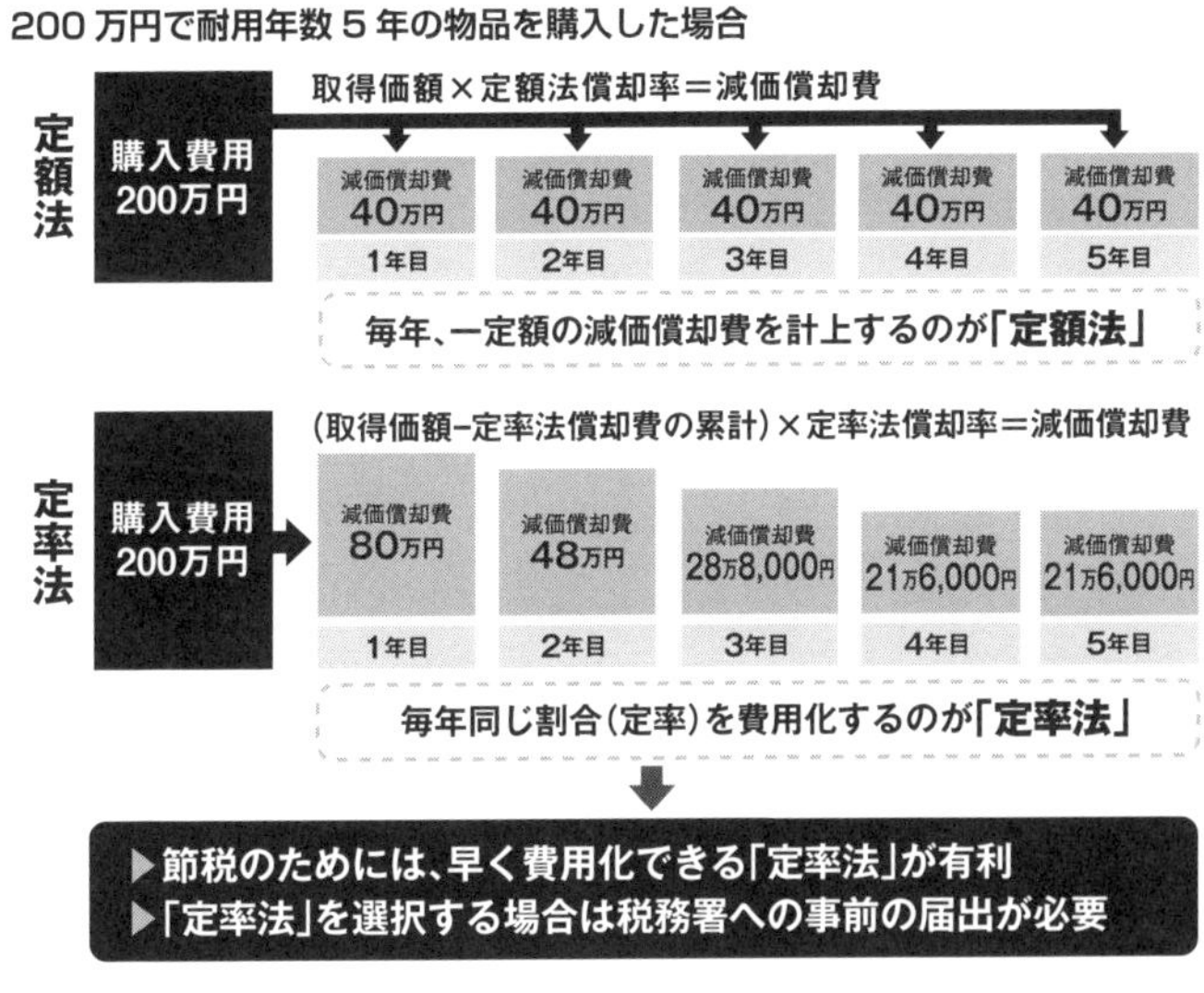

かった場合は、自動的に定額法になります。

## 定額法の仕組み

定額法の計算方法は、次のようになります。

**購入費×減価償却率×使用した月数／12＝その年の減価償却費**

１８０万円の自動車を、７月に買ったときを例にとります。この自動車は、仕事とプライベートと半々に使っているとします。

車の耐用年数は６年なので、１８０万円を６年間に按分して経費化することになります。定額法で耐用年数６年の場合は、償却率は０・１６７となります。

なので、算出式は次のようになります。

**１８０万円×０・１６７＝30万６０００円**

そして仕事とプライベート6対4で車を使っているので、経費も6割だけ計上できます。なので、この車の場合、30万6００円の半分で18万3６０円が1年間の減価償却費ということになります。

この18万3６０円を、6年間にわたって減価償却費として計上していくことになるのです。車を新たに買った年には、使った時期で案分しなくてはなりませんので、7月に買ったとすれば、半年分の減価償却となり9万5１８０円が減価償却費となります。

## 定率法の仕組み

次に定率法の説明をします。

定率法は毎年、車の残存価額に同じ率をかけて減価償却費を計上していきます。

計算式にすれば次の通りです。

**残存価額** × **減価償却率** × **使用した月数／12** ＝ **その年の減価償却費**

定額法と違うところは、定額法はその資産の「購入金額」に償却率をかけるのに対して、定率法はその資産の「残存価額」に償却率をかけることです。残存価額というのは、その資産から減価償却されてきた金額を差し引いた価額のことです。残存価額は年を経るごとに減っていきます。つまり定率法は、年を経るごとに償却費が減っていくのです。一方、定額法は、毎年同じ償却費になります。

先ほどの180万円の車を例にとって、ご説明しましょう。

180万円の車の耐用年数は6年ですので、定率法での償却率は0・333になります。なので、最初の年は180万円×0・333で、59万9400円が減価償却費として計上できます。

そして仕事6プライベート4で車を使っているので、経費も6割だけ計上しますので、59万9400円の6割で35万9400円が1年間の減価償却費ということになります。

車を新たに買った年には、使った時期で按分しなくてはなりませんので、7月に買ったとすれば、半年分の減価償却となり14万9850円がこの年の減価償却費となります。

そして、この車の取得価額180万円から半年分の減価償却費29万9700円を差し引きます。その残額150万300円が、次の年の残存価額ということになります。

次の年は、この残存価額150万300円を基準にして、減価償却率をかけ、仕事分の按分をして減価償却費を計算します。それを毎年繰り返すのです。

が、定率法の場合、残存価額に償却率をかけて算出するものなので、いつまで経ってもゼロにはなりません。

そのため、そして定率法には**保証率**というのがあって、保証率を下回った場合は、改定償却率を使って償却できることになっています。

耐用年数6年の場合の保証率は、0・09911となっていますので、180万円×0・09911で、残額が17万8398円を下回った場合は、その年から改定償却率を使って均等償却することになっています。このあたりのことは若干難しいので、不明な場合は税務署に問い合わせてください。

## 中古車を買うと非常に節税になる

前項では減価償却の方法をご紹介しましたが、自営業者、フリーランサーにとってもっとも減価償却に接する事例が車といえます。

ほとんどの場合、車は普通に走れるものであれば10万円以上するので、減価償却をしなくてはなりません（格安中古車を除いて）。

車の減価償却には、**ちょっとした裏技**があります。

というのも中古車を購入すれば、非常に効果的な節税になるのです。

中古資産の耐用年数というのは、次のようになります

**法定耐用年数 − 経過年数 × 0・8**（端数は四捨五入して）

となると、4年経過した中古車の場合、法定耐用年数は6年で経過年数が4年なので、

**法定耐用年数6年−経過年数4年×0・8＝耐用年数2年**（端数を四捨五入して）

となります。

つまり、4年経過の中古車の耐用年数は2年というわけです。中古資産の耐用年数は最

短で2年ですので、これ以上経過していたとしても、耐用年数はこれ以上は短くなりません。ということは、**4年経過以上の中古車の耐用年数最短**となるわけです。

耐用年数が2年ということは定額法でやったとしても、1年間に購入費の半分を減価償却費に計上できるわけです。また定率法では、耐用年数2年の場合は償却率が1・00です。つまり購入費の100%が減価償却できることになるのです。

たとえば4年落ちの200万円の車を買った場合、定率法をとっていれば償却率は1・00なので、計算式は次の通りになります。

**200万円×1・00＝200万円**

もし7月に買ったとしても、半分の100万円を減価償却費として計上することができるのです。というように一挙にたくさんの経費を計上したいときには、4年落ちの中古車などはうってつけのアイテムといえます。

## 高級車はなぜ節税アイテムになるのか？

「車を買う」という節税策を一歩進めて、「高級車を買う」という節税策もあります。景気のいい事業者などが、よく高級外車を買うことがあります。

特にベンツなどは、金持ちの定番アイテムです。

なぜ景気のいい事業者がベンツを買うかというと、ステイタスという面ももちろんありますが、**かっこうの税金対策**でもあるからです。

もちろん副業の場合、なかなか「高級車を買って節税する」という域まで儲けることは難しいでしょう。

ですが、今の世の中、何がバズるかわかりません。ちょっとした副業でも大儲けする可能性もあるわけです。また経理の仕組みを知るうえでも、「なぜ高級車を買えば節税になるのか」を知ることは有益な情報だといえます。

「利益が出れば税金に持っていかれる。税金を払うくらいなら、会社の金で欲しかったべンツを買ってしまおう」

というわけです。

なぜ高級外車を買えば、節税になるのか順にご説明しましょう。

まず耐用年数の問題があります。普通車の耐用年数は6年です。これは高級外車であっても、日本の小型乗用車であっても変わりません。

しかし高級外車の場合は、6年経ってもまだまだ乗れます。でも購入価額を6年で全部、事業の経費で落としてしまうことができるのです。

これが高級外車が節税になる、まず最初のポイントです。

日本車の場合は、6年経ったら買い換えなくちゃならないことが多いものです。少なくとも、6年経てば車としての市場価値は大きく下がります。

しかし高級外車、たとえばベンツの場合、6年経ってもそれほど大きく値段は下がりません。そのため、ベンツは**帳簿に載らない「含み資産」**になるのです。

たとえば1200万円のベンツを買った場合、ベンツの耐用年数は6年なので、経理の上では6年間ですべてベンツの購入費を支払ってしまうことになります。つまり帳簿の上では、6年後のベンツの資産価値はゼロとなるのです。

しかし１２００万円で購入した6年落ちのベンツには、まだ数百万円の価値があります。うまくいけば１０００万円近くで売ることもできます。つまり帳簿上はゼロの価値なのに、実際には１０００万円近くの資産を持っているのと同じことなのです。

ベンツを購入することで、１２００万円も事業の経費を使えるうえに、含み資産を残すこともできる、それが高級外車が節税アイテムとして優れている大きな理由なのです。

## 「中古」の高級外車はさらに節税効果が高い

しかも、この高級外車のメリットと中古車のメリットを組み合わせて、**「中古の高級外車」**を購入することで、さらに有効な節税アイテムとなります。

前述したように、4年以上経過した中古車の場合は、耐用年数が2年となります。

耐用年数が2年ならば、定率法をとれば償却率は１・00です。つまり購入費の１００％が、最初の年に減価償却できることになるのです。

たとえば4年落ちの５００万円のベンツを買った場合、最初の年に５００万円が減価償却費として計上できるのです。その年に使用した期間で按分しなければなりませんので、年始に買わない限りは、その全額が減価償却にできるわけではありません。

ところが、ざっくり言えば、買ってから1年間で、**全額が減価償却できる**わけです。500万円もの経費を一気に積み上げることができるのです。

さらにローンでこれを買えば、最初の数年間は出費以上に経費を計上できることもあります。

たとえば、もし4年落ちの中古BMW600万円を6年のローンで買うとします。便宜上、利息はつけずに考えれば、1年間にローンで支払うお金は100万円です。でも定率法の償却率は100%なので、1年目の減価償却費は600万円です。

つまり、購入1年目は100万円しか払っていないのに、最大600万円を経費に計上できるのです。もちろん減価償却期間が終われば、それ以上は経費計上できません。ですので、そういう美味しい状態は最初の2年間だけです。

資金繰りはよくないけれど、利益だけは出ている会社や、急に儲かって、とりあえず当面の利益を減らしたいような会社には、**うってつけの節税策**だといえます。

また中古高級車の利点は、ほかにもあります。

車の価値があまり下がらないということです。

高級車、特にBMW、ベンツなどの高級外車の場合、中古でもそれほど価格は下がりません（日本の中級以下の車に比べれば）。

たとえば4年落ちの500万円のBMWを2年間乗ったとしても、まだまだ市場価値はあります。よほどのことがない限り、最低でも200万円、状態がよければ300万〜400万円くらいの価格で売れるかもしれません。

## 定額法と定率法で異なる償却費

**中古資産の耐用年数の計算式**

中古資産の耐用年数 ＝（法定耐用年数 − 中古資産の経過年数）＋（中古資産の経過年数 × 20%）

たとえば、4年経過した中古車の場合、車の法定耐用年数は6年のため、以下の計算式となります。

（法定耐用年数 6年 − 経過年数 4年）＋（経過年数 4年 × 20% 20%）＝ 耐用年数 2年

1年未満は切り捨て

4年以上経過している車は耐用年数2年！

**定額法で計上した場合**

耐用年数2年の償却率は**0.500**のため、購入して1年で、購入費の**半額**を減価償却費に計上できます！

**定率法で計上した場合**

耐用年数2年の償却率は**1.000**のため、購入して1年で、購入費の**全額**を減価償却費に計上できます！

でも2年間乗っていれば、帳簿上の価格はゼロになるのです。ということは、実際は200万円から400万円の資産を持っているのに、帳簿上にはその資産は載っていないことになります。

言ってみれば、「含み資産」ということです。

だから、もしこのさき事業がうまくいかなかったり、資金繰りに行き詰まったときは、中古高級車を売ればいいのです。つまり節税にもなり、いざというときの資産にもなるということです。

## 安いベンツでも節税効果は大きい

これまでのところを読まれた方の中には「そんな500万円、1000万円もするベンツなんて買えない」と思っている人もいるでしょう。

でもご安心ください。

中古ベンツには、200万、300万円のものもたくさんあります。100万円程度で買えるものもあります。そういう安いベンツでも、高いベンツと同じような高い節税効果が得られます。

たとえば、10年落ちの200万円のベンツを買ったとしましょう。

これも耐用年数は2年なので、1年間で100万円の減価償却費を計上することができます。

年度の途中、半年経過したときに買ったとしても50万円の減価償却費を計上できます。これを5年ローンで買ったりしたならば、1年間に出て行くお金は20～30万円で済みます。

「ちょっと今年は儲かったので税金が心配だ」

などという方、プチ税金問題を抱えている人には最適な節税策だといえるでしょう。

同じ200万円で新車を買ったときと比べてみれば、その差は歴然としています。

200万円の新車は、耐用年数が6年ですので1年間で減価償却できるのは30万円ちょっとです。

年度の途中、半年経過のときに買ったような場合は、10数万円しか減価償却費を計上できません。

しかもベンツの場合、10年落ちの200万円のものでも、4、5年乗ったところでまだ100万円以上の価値があるものです。200万円の日本車は4、5年乗れば、50万円くらいになってしまいます。

資産価値としても、大きな差があるわけです。

## スポーツカーも事業の経費で落とせる？

この高級中古外車を使った節税策は、中古ベンツ以外でも高級外車、ロールスロイスとかBMWなどでも使えます。

どういう車を買ったときに節税になるかというと、法定耐用年数よりも長く使えるものです。そして長く使っても資産価値があまり落ちないものです。

そういうものを探し出せば、中古ベンツと同じような節税効果が得られるのです。だから外車に限らず、日本車であっても長期の使用で資産価値の下がらないものであれば、使えます。

また2ドアのスポーツタイプの高級車も使えます。

スポーツカーというと、男性にとってはロマンのあるものですが、趣味の世界のものという印象があります。これを事業の経費で落とせるなど到底、思えないはずです。

事実、税理士の多くも、「スポーツカーを事業の経費で落とせるか」と聞けば、**ノーと答える**はずです。

しかし、スポーツカーの購入費が事業の経費として認められた例が実際にあるのです。

税務の世界では、こういう都市伝説があります。

「2ドアの車は会社の経費（社用車）にはできない」と。

これは実は誤解に過ぎません。

2ドアというと、スポーツタイプの車であり、「カッコいい車」であり、常識的に見れば事業に使えるものとは言えません。だから、こういう都市伝説が生まれたのです。

10数年前、『なぜ、社長のベンツは4ドアなのか？』というビジネス書が大ヒットしました。実はこの本はこの誤解に基づいて書かれたものだったので、**内容的にはウソ**だったのです。

2ドアの車というのは、後部座席にお客さんを乗せることができません。事業用の車というものは、お客さんを乗せるためにあるのだから、2ドアの車は社用車にはできないというのが、この都市伝説の根拠です。

でも裁判の判例で、この都市伝説は明確に覆されているのです。

ある社長がスポーツタイプの2ドアの車を社用車とし、税務署はそれを否認したために、裁判となりました。この社長は、2ドアの車を出勤や出張の際に使っており、「会社の業務で使っているのだから、社用車として認められるべきだ」と訴えたわけです。

そして判決では、この社長の言い分が通ったのです。この社長は、プライベート用に別の車を持っており、この2ドアの車は会社のために使っているということが、はっきりしたからです。

税務署は、「2ドアの高級車を会社の業務で使っているわけはない」「ほとんどプライベートで使っているはずだから、会社の金で買うのはおかしい」という主張でした。

でも、この社長は、きちんと会社の業務で使っている事実が客観的にわかったので、言い分が認められたのです。

つまりは2ドアの車であっても、事業の業務で使用してさえいれば、立派に社用車として認められるわけです。

だから車好きの事業者の方などは、事業で儲かったときに2ドアの高級車を買ってみるのはアリなのです。

## 「起業前から所有していた車」を事業資産に組み入れる

これまで車を買えば節税になるということを紹介してきました。でも、もう車は持っているという人も多いでしょう。

そういう「起業前から所有していた固定資産」を事業用の資産に組み入れることもできます。そうすれば、事業の固定資産にとなり、減価償却費を計上することができるのです。

組み入れる方法は、ちょっと複雑な計算となります。

まず起業した時点で所有している固定資産（車、家など）の資産額を算出します。

この算出方法は、その固定資産の本来の耐用年数を1・5倍にし、その耐用年数をもとにして、起業した時点までの経過年数に応じて旧定額法を用いて減価償却を行います。その残額が、起業した時点での固定資産の額ということになります。

2年5か月前に200万円で購入した自動車を例にとってご説明します。

ちょっと面倒ですが、辛抱強く読んでください。

自動車の本来の耐用年数は6年なので、これを1・5倍にすると9年になります。旧定額法は、取得価格の90%に減価償却率をかけて算出します。耐用年数9年の旧定額法での減価償却率は0・111です。

この車は2年5か月使用していますが、6か月に満たない部分は切り捨てます（6か月以上の場合は切り上げになります）。なので、この車は6か月部分を切り捨てて「2年」使用していることになります。

この車の1年分の減価償却費は以下のようになります。

**200万円×90%×旧定額法の償却率0・111＝19万9800円**

この19万9800円を2年分ですので、×2をして39万9600円となります。これが起業前の時点での減価償却費です。

**200万円－減価償却費39万9600円＝残存価額160万400円**

この残存価額160万4000円が起業した時点での、この車の取得価額（未償却残高）ということになります。

そして、この160万4000円を固定資産の金額として、減価償却をしていけばいいのです。

この計算方法は、**自家用車でも家やマンションでも同様**となります。

# 第5章

# 消費税の落とし穴

# 副業でも消費税は大いに関係がある

副業をする際、消費税のことも念頭に置いておかなくてはなりません。

日本で取引をする際には、必ず消費税がかかります（一部の非課税取引を除いて）。

そして事業者は消費税を税務署に納付しなければなりません。それは副業であっても同様なのです。

だから副業する人は、消費税を税務署に納税しなくてはならない可能性があるのです。

たとえばネットで販売をしている副業者がいたとします。このネット販売取引には、消費税が課せられている建前になっており、原則として消費税を税務署に納税しなくてはならないのです。

また消費税には、少々わかりにくい部分があります。

消費税というのは本来、売上1000万円以下の事業者は納税を免除されています。副業で売上が1000万円を超えることはめったにないので、副業する人は元来は消費税の納税を免除されているのです。

しかし、2023年10月からはインボイス制度というものが始まりました。

このインボイス制度によって本来、消費税を免除されている売上1000万円以下の事業者であっても、納税しなければならないケースが非常に増えたのです。

つまり1000万円以下の副業であっても、消費税を納税しなければならない人がけっこういるのです。

また逆に消費税には還付制度があり、1000万円以下の副業であっても、**消費税の納税義務者になれば還付を受けられる**ケースもあります。

税金初心者には、消費税の仕組みはわかりにくいものです。しかし消費税とうまく付き合うかどうかで、実質的な収入金額が大きく変わってきます。

本章では、副業する人はどうすれば消費税とうまく付き合えるかをご説明していきたいと思います。

## 消費税の基本的な仕組み

まずは消費税の基本的な仕組みについてお話しします。

消費税というものは、事業者が客に物を売ったりサービスを提供したときに、購入者が支払う税金です。ただ消費税を実際に納付するのは事業者です。

事業者は、物やサービスを販売したときに、客から消費税を受け取ります。この消費税は、事業者がいったん預かり、事業年度が終了したときに全部計算して「事業者が税務署に納付する」のです。

これは**副業であっても、一般の事業であっても同様**です。

「私は副業だから消費税は要りません」

ということにはならないのです。

もしお客さんから消費税分を受け取っていなかったとしても、お客さんが払った代金には消費税が含まれている建前になっています。

だから100円のものを消費税分を加算せずに、そのまま100円で販売したとしても、100円には10%の消費税が含まれている建前になるのです。つまり、本体価格は91円、消費税9円ということになるのです。

消費税の税率をここで確認しておきましょう。

消費税は原則として10％となっています。ただし食料品などには軽減税率があり、また一部の商品には免税のものもあります。

だから消費税には次の3つの税率があるのです。

**消費税8％の取引**

・食料品（持ち帰りに限る）
・アルコール以外の飲料品
・週2回以上発行される新聞など

**消費税0％（非課税）の取引**

・土地
・有価証券、銀行券、政府紙幣、小額紙幣、硬貨、小切手、約束手形など（ただし、これらを収集品として売買する場合は消費税がかかります）
・預貯金の利子、保険料等
・郵便切手、印紙

・商品券、プリペイドカード
・国、公的機関等が行う一定の事務の手数料
・外国為替サービス
・社会保険適用の医療費、薬代（ただし、美容整形や差額ベッドの料金、市販薬などには消費税がかかります）
・介護保険サービス、社会福祉事業のサービス
・助産
・火葬料や埋葬料
・一定の身体障害者用物品
・学校の授業料等（ただし学校教育法に規定する学校等に限ります）
・教科書
・居住用住宅の賃貸料（ただし1か月未満の賃貸料には消費税がかかります）

**消費税10％の取引**

・上記以外

# 消費税は10%をそのまま納付するわけではない

次に事業者が消費税の納付する金額の算出方法についてご説明します。

消費税というのは、物やサービスを買ったときに消費者が払い、事業者はその消費税をそのまま税務署に納めているような印象があります。

でも、実際はそうではありません。

消費税は、事業者が「売上のときに預かった消費税」から「仕入（経費含む）のときに支払った消費税」を差し引いた残額を納付することになっています。

たとえば1000円の雑貨を一つ買えば、消費者は100円の消費税を払わなくてはなりません。

しかし雑貨屋さんは、この100円の消費税を、そのまま納めるわけではないのです。

雑貨屋さんは、雑貨を仕入れるときに、さまざまな経費を支払っています。そのときに消費税を払っています。雑貨の原価や店の水道、光熱費などにも消費税がかかっています。

消費税は「消費者が負担するもの」という建前になっていますので、雑貨屋さんが仕入れや営業経費で「払った消費税」は、納付するときに差し引くことができるのです。

1000円の雑貨の原価を600円としますと、雑貨屋さんは原価600円に対して消費税60円を払っています。これを消費者から預かった100円の消費税から差し引きます。その残額40円を、税務署に納付するというわけです。

だから以下のような数式によって事業者が消費税を納付する金額が決まるのです。

**客から預かった消費税100円** － **仕入れ経費で支払った消費税60円**
＝ **納付する消費税40円**

年間の取引すべてにおいて、この計算をし、納税の合計額を税務署に納付するのです。

## 起業したばかりのときは消費税が還付になることも

前項でご紹介した消費税納付額の計算式では、まれに赤字になることがあります。

つまり消費者から預かった消費税よりも、経費支払いのときに支払った消費税のほうが多い場合です。

そのときには、その**赤字分が還付される**ことになっています。

預かり消費税よりも支払い消費税が多くなるということは、売上で預かった消費税より経費で支払った消費税の方が高くなることです。そんなことはあり得ないだろうと思う方も多いでしょう。

確かに普通に事業をしていれば、売上より経費のほうが高くなるなんてことはあまりありません。経費のほうが高くなったら商売は終わりになりますから。

しかし特別な場合には、こういう状況がありうるのです。

たとえば起業したばかりのときです。

起業したばかりのときには、事業のためにさまざまな設備を整えることが多いです。いわゆる初期投資です。

どんな事業でも、最初は事務所の整備、施設の設置、備品の購入などで金がかかるはずです。その支払いのときには当然、消費税が支払われています。

そして、ここが肝なのですが、前述したように所得税の計算では10万円を超えるものを購入した際に一括で経費化できず、耐用年数に応じて減価償却しなければなりません。しかし消費税の計算では、どんな高いものであっても、消費税を支払った年に全部、「支払い消費税として控除できる」のです。

たとえば雑貨屋さんであれば、店舗の内装や棚などを買ったときに消費税がかかっているはずです。その代金が数十万円、数百万円かかったとしても、支払った消費税はその年に全額を差し引くことができるのです。

そして事業を開始したばかりのときは、売上はあまり上がらない場合が多いものです。そのため売上のときに預かった預かり消費税よりも、支払い消費税のほうが大きくなるケースもあるわけです。

そういう場合には、消費税が還付されるのです。

たとえば、ある事業者では初期投資に３００万円かかったとします。それだけで消費税は30万円も支払っています。９月に開業したので1年目の売上は２００万円しかありませんでした。

つまり最初の年は預かり消費税は20万円、支払い消費税は30万円です。

となると、消費税の計算は次のようになります。

**預かり消費税20万円－支払消費税30万円＝マイナス10万円**

つまり**10万円の消費税が還付**されるわけです。

## 副業でも消費税還付になるケースが多い

消費税の還付について、もう少し詳しくお話ししましょう。

というのも副業であっても、消費税還付になるケースは非常に多いからです。

たとえばＹｏｕＴｕｂｅｒになるために、パソコンやカメラなど50万円分の機材をそろえたとします。

消費税の支払額は、50万円の10％だから5万円です。

それに対して、1年目の売上は振るわずに1万円でした。

この売上1万円に対して受け取る消費税は1０００円です。

となると、受け取った消費税1０００円から支払った消費税5万円を差し引くと4万9０００円となります。

この4万9000円が税務署から還付されるのです。

しかも経費は機材ばかりではありません。

撮影に使う小物や、撮影部屋を整えるための備品も必要になるでしょう。

書籍やソフトなども必要でしょう。

また撮影に参考にするために、映画やアニメ、動画を見たりすることもあるはずです。

そういうものを購入したときに当然、消費税を払っています。

その「支払い消費税」も当然、還付の対象になります。


「事業が赤字になってその分の消費税が還付される」

というと警戒する人もいるでしょう。

「損をするんじゃないか」と。

が、事業が赤字になるといっても、経費として支払うものは、機材や備品、商品仕入れなどなので自分の買い物でもあります。

うまく自分の買い物を経費として購入して事業を赤字にすれば、**「私物の買い物をしてその消費税の還付を受ける」**ことができるというわけです。

またもし事業が成功して黒字になったような場合は、消費税の還付は受けられなくなりますが、それより大きい事業収入が入ってくるのだから文句はないはずです。

ただし消費税の還付を受けるには、「消費税の課税事業者」となっておかなければなりません。消費税には、「課税事業者」と「免税事業者」があります。次項以下でそのことをお話をしたいと思います。

## 消費税の免税事業者とは？

ところで消費税には免税という制度があります。

消費税というのは、年間売上が1000万円以下の事業者は、納税しなくていいことになっているのです。つまり売上が1000万円以内の事業者は「免税事業者」というわけです。

一方、年間売上が1000万円を超える事業者のことは「課税事業者」といいます。消費税が課税される事業者、つまり消費税を納付しなければならない事業者というわけです。

売上が1000万円超かどうかというのは、前々年の売上をもとに判定します。

その年の売上が1000万円超になるかどうかは、決算期が終わるまでわかりません。でも、消費税の納付事業者になるかどうか決算期が終わるまで不明だとなると、非常に不便です。消費税を納付するには、いろいろな経理処理が必要だからです。だから課税事業者になるかどうかは、前々年の売上で判断するというわけです。

ただし免税事業者であっても、その年の前半期の売上が1000万円超であったり、その年の前半期の給料の支払いが1000万円超であるような場合は、その年から課税事業者になります。

## 起業して2年間は自動的に免税事業者になれる

ところで事業を始めたばかりの事業者は、前々年の売上がありません。そういう場合はどうなるかというと、**2年間は消費税が免除される**のです。

つまり起業してから2年以内の事業者は、自動的に免税事業者となり消費税を納めなくていいのです。

ただ前に述べた「消費税の還付」は、免税事業者は受けることができません。通常であれば事業開始から2年間は自動的に免税事業者になるので、起業したばかりで消費税の支払いが多くても消費税の還付は受けられないのです。

しかし起業して2年以内の事業者でも、消費税の還付を受ける方法があります。というのも、起業2年以内の事業者でも、自分が希望すれば消費税の課税事業者になることができるのです。

その方法は簡単です。事業を始める前に「課税事業者の届出書」という紙を税務署に出すだけでいいのです。

ただこの届出書を出してしまえば、消費税の計算がマイナスにならなければ、消費税を納付しなければなりません。だから事業開始前に、初期投資がどれだけかかるかを概算し、消費税がマイナスになるときにだけ、「課税事業者の届出書」を出すべきでしょう。

また後に述べるインボイス制度の影響を受け

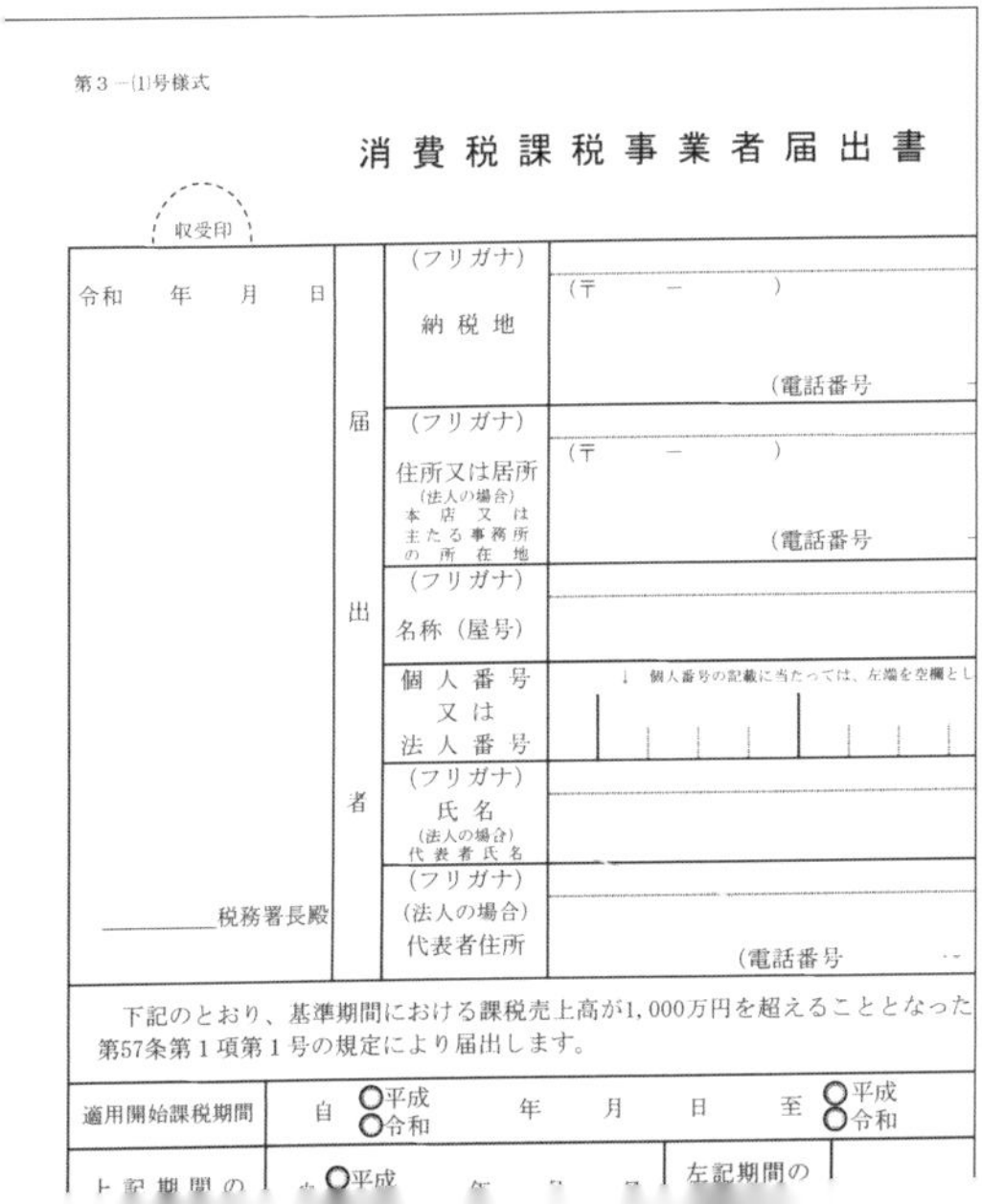
第3－(1)号様式

消費税課税事業者届出書

収受印

令和　年　月　日

届出者

(フリガナ)
納税地
(〒　－　)
(電話番号

(フリガナ)
住所又は居所
(法人の場合)
本店又は主たる事務所の所在地
(〒　－　)
(電話番号

(フリガナ)
名称(屋号)

個人番号又は法人番号
↓個人番号の記載に当たっては、左端を空欄とし

(フリガナ)
氏名
(法人の場合)
代表者氏名

(フリガナ)
(法人の場合)
代表者住所
(電話番号

税務署長殿

下記のとおり、基準期間における課税売上高が1,000万円を超えることとなった
第57条第1項第1号の規定により届出します。

適用開始課税期間　自 平成/令和　年　月　日　至 平成/令和

上記期間の　自 平成　年　月　日　左記期間の

消費税課税事業者届出書

る事業者は、免税期間であっても課税事業者にならなければなりません。

## 免税事業者に打撃を与えるインボイス制度

２０２３年10月から、消費税のインボイス制度が始まりました。

インボイス制度というのは、事業者が消費税の仕入れ税額控除をする際に、支払った相手先から消費税の税額の明細を記載された**「適格請求書」**というものを受け取らなければならない、というものです。

前にも述べましたように、事業者は「売上時に客から預かった消費税」から、「経費な

**適格請求書の一例**

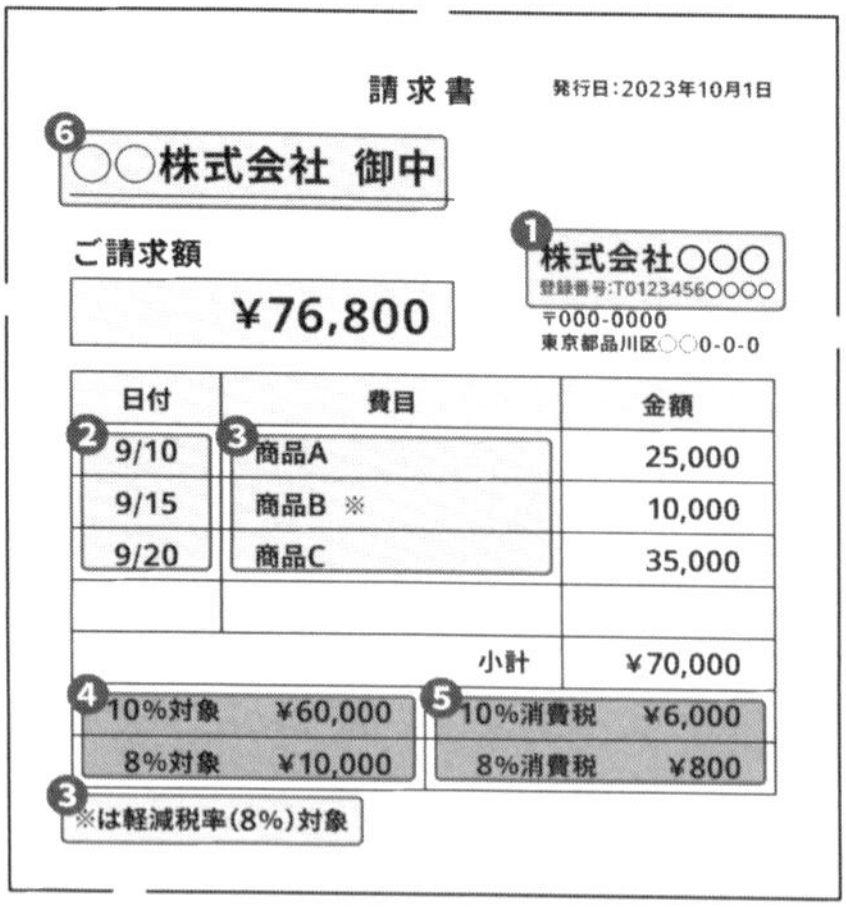


❶適格請求書発行事業者の、氏名または名称および登録番号

❷取引年月日

❸取引内容（軽減税率の対象品目である場合はその旨）

❹税率ごとに合計した対価の額および適用税率

❺消費税額

❻書類の交付を受ける事業者の氏名または名称

どの支払い時にすでに支払った消費税」を差し引いた残額を税務署に納付することになっています。

インボイス制度ではこの「経費などの支払い時にすでに支払った消費税」を差し引く条件として、支払い先から「適格請求書」を受け取らなければならないとなったのです。

経費を支払っても「適格請求書」がない場合は、その分の消費税は差し引くことができないのです。

適格請求書には、前ページに記載した項目が記載されていなければなりません。

**適格請求書を発行する手順**

課税事業者届出書を税務署に提出する

↓

インボイス登録申請書を税務署に提出する

↓

インボイス登録番号が税務署から発行される

↓

取引先から「適格請求書」を求められたときに「適格請求書」を発行する

## 本来は免税事業者なのに納税しなければならない

この「適格請求書」を発行するためには、「課税事業者」にならなくてはなりません。それがこのインボイス制度のもっとも影響が大きい部分です。

前にご説明したように、消費税には「免税事業者」という制度があります。年間の課税売上が1000万円以下の事業者は、消費税を納付しなくてもいい制度です。が、免税事業者は「適格請求書」を発行できないのです。

インボイス制度が施行されれば、事業者同士の取引の場合、相手が免税事業者であれば支払った分の消費税が控除できないことになります。だから必然的に事業者同士の取引では、相手先が「課税事業者」であることが求められるようになります。

一般消費者相手の事業をしている事業者であれば、このインボイス制度はあまり影響を受けません。一般の消費者は消費税の課税仕入れをしないので、「適格請求書」をもらう必要はありません。

たとえばタバコ店でタバコを買う一般の消費者は、「適格請求書」など必要としません。

しかし一般の消費者ではなく、事業者が事業の中でモノを買ったり、サービスを受けたりする場合は、「適格請求書」は重要となります。事業者が事業用のパソコンを購入する際、「適格請求書」がなければ、パソコン代にかかる消費税を控除することができません。

このインボイス制度の導入で、もっとも大きな影響を受けるのは**零細のフリーランス**です。ライターやデザイナー、イラストレーター、そのほかのクリエーターなどがもっとも大きな打撃を受けます。こういう業種の副業をしている人もけっこう多いと思われますが、そういう人はすべからく影響を受けます。

こういうフリーランス系の人は企業から仕事を請け負うことが多いので、必然的に「適格請求書」の発行を求められます。ですが年間売上1000万円以下の免税事業者は、「適格請求書」が発行できません。そのため年間売上が1000万円以下であっても、あえて「課税事業者」となり、消費税を納付しなければならなくなるのです。

つまりは、これまで消費税の納税を免除されてきた零細の事業者が消費税を納付しなければならなくなるのです。

インボイス制度というのは、実質的に**「零細事業者への増税」**とさえいえるでしょう。

フリーランスで年間1000万円超の売上がある人というのは、かなり大規模の部類に入ります。

たとえばライターという職業の人は数十万人以上いると見られていて、その9割以上の収入は年間1000万円以下です。そういう人たちは、今まで消費税の納税が免除されていたのに、インボイス制度の導入により消費税を納付しなければならなくなったのです。

もちろんこの制度は、サラリーマンの副業にも大打撃を与えるものと思われます。サラリーマンが副業で、フリーランスで何かちょっとした仕事を請け負うことがなかなかできにくくなったのです。

たとえばサラリーマンがWEBデザインの副業をしていた場合などです（こういうケースは今までたくさんあったと思われます）。企業がWEBデザインの仕事を発注する際、やはり適格請求書の発行を求めるようになります。

となるとサラリーマンの副業であっても、消費税の課税事業者になる必要が出てくるのです。

サラリーマンの副業のWEBデザインなどは、せいぜい年間数百万円です。今のご時世では数十万円稼げてもいいほうだといえるでしょう。数百万円、数十万円の稼ぎであっても、消費税の納付をしなければならなくなるのです。

# インボイス制度の影響を受ける事業とは？

インボイス制度は、すべての業種の事業者に影響があるものではありません。

業種によってはインボイス制度の影響をほとんど受けないこともあるのです。

インボイス制度の影響を受けるのは、主に企業相手の事業を行っている事業者です。取引先が消費税の納税義務者であれば、適格請求書を求められますが、取引先が消費税の納税義務者でなければ求められません。消費税の納税義務者とは、年間売上1000万円を超える事業者です。つまりは取引先が事業者でなければ、適格請求書は求められませんので、インボイス制度の影響は受けずに済むのです。

取引先が事業者ではない事業者というと、**一般の消費者を相手に事業を行っている事業者**となります。

たとえばパン屋さん、洋服屋さん、食堂、床屋さんなど一般の人が日常的なものを買い物をしたり、サービスを受けたりするところです。

スーパーやコンビニなどの場合は、一般の人も買い物をするけれど、事業者も仕入れ品や、事務用品などを買いにくることもあります。だからスーパーやコンビニなどでは当然、「適格請求書」を発行する必要があります。

飲食店などでも一般の人が利用するだけではなく、事業者が接待のために利用したり、会議などの場所で使うこともあります。だから事業者が使うような飲食店では、「適格請求書」の発行が必要となってくるでしょう。普通の定食店や町中華のような場合は、「適格証明書」を出さなくても大丈夫な店もあるでしょう。

また先ほど述べましたようにフリーランス系の仕事の多くは、インボイス制度の影響を受けますが、中には受けない事業者もいます。それは一般の人に自分の創作品などを販売している場合です。

クリエーターが自分で一般の人に創作物を販売しているような場合、一般の人が「適格請求書」を求めることはほとんどないので、インボイスの影響は受けないと言えます。たとえば自分でマンガを描いてネット上で販売している場合は、「適格請求書」を発行する必要はないと言えます。

ただネットで販売していても、自分が売るのではなく、販売業者と印税契約などを結んで販売している場合は、販売業者から「適格請求書」の発行を求められることになります。

このインボイス制度は労力も非常に増えます。事業者はインボイスに対応するための準備をしておかなくてはなりません。

なにしろ6項目の必要事項を記載した「適格請求書」を、売上が生じる都度に発行しなければならないのです。今まで請求書など発行してこなかった事業者にとっては、大変な事務量の増大となるでしょう。

そういった意味でもインボイス制度は、フリーランサーや中小事業者を**疲弊《ひへい》させる制度**だといえます。

## 消費税の計算を簡略化できる「簡易課税」とは？

消費税には「簡易課税」という制度があります。

これは、年間売上が5000万円以下の事業者は消費税の計算を簡便にできる制度です。

前述したように消費税というのは、売ったときに客から預かった消費税から、仕入れなどのときに支払った消費税を差し引いた残額を税務署に納めるものです。でも支払った消費税をいちいち計算するのは大変です。特に経理の人を雇っていなかったり、税理士に依頼していない中小の事業者にとっては、大きな負担です。

その救済処置として、年間売上が5000万円以下の事業者には、簡易課税という計算方法が認められているのです。

簡易課税というのは、支払った消費税をいちいち計算せずに、「みなし仕入れ率」というものを使って、消費税の額を簡単に計算できるものです。

簡易課税での消費税納税額の計算方法は以下のようになります。

**売上**×**みなし仕入れ率**＝**みなし仕入れ額**

（**売上**－**みなし仕入れ額**）×**消費税率**＝**消費税額**

たとえば2000万円の売上がある小売業者の場合、簡易課税を使えば次のような計算となります。

小売業者の「みなし仕入れ率」は80％なので、2000万円の80％が仕入れとみなされます。つまり仕入は1600万円と自動的に決められるわけです。

売上2000万円なので預かり消費税は200万円です。支払い消費税はみなし仕入れ額が1600万円なので、それに10%をかけて160万円となります。差し引き40万円を納付すればいいということです。

みなし仕入れ率は、業種によって次のように決められています。

**卸売業** 90%
**小売業** 80%
**製造、建設業** 70%
**飲食店など** 60%
**不動産、サービス業** 50%

この簡易課税は、インボイス（適格請求書）の発行事業者も使えます。

簡易課税の対象となる年間売上5000万円以下の事業者は、インボイス（適格請求書）の発行事業者となっても課税仕入れの計算をするときには、これまでの簡易課税の方法をそのまま使うことができるのです。

仕入れ先や取引先がインボイス（適格請求書）の発行事業者であるとかないとかは、まったく関係なく、簡易課税の方法に従って仕入れ控除の計算ができるのです。

つまり適格請求書の有無を確認したり、適格請求書の合計額を計算することなく、単純に課税売上にみなし仕入れ率を掛けて、仕入れ控除額を算出することができるのです。

## すべての人が「簡易課税が有利」ではない

「簡易課税」は計算も簡単で、**かなり事業者に有利**にできています。だから普通の場合は、売上が5000万円以下ならば、これを選択したほうがいいでしょう。

しかし特殊な場合は、簡易課税を選択しないほうがいい場合もあります。

まず前にご紹介した「消費税の還付を受ける」場合には、「簡易課税」を選択してはダメです。簡易課税は仕入れ控除額を自動的に計算する制度なので、初期投資で多額の消費税を支払っても控除することができません。

また事業内容によっては、簡易課税が不利になることもあります。

たとえば「薄利多売」を旨としている小売業者だとします。この業者は、仕入れ値に10%程度の利益をつけて売っています。このような場合は、仕入れ率は80%を超えることもあります。

そういう場合は、簡易課税を選択するより、仕入れ額をきちんと積み上げて計算したほうが消費税は安くつくのです。

またたとえばデザイン業務などをしている企業の場合、これはサービス業になるのでみなし仕入れ率は50％しかありません。デザイン業務などは人件費の割合が高く、仕入れなどは少ないので、普通であれば簡易課税を選択したほうがいいでしょう。

でも作業のほとんどを外注に出しているような企業は、仕入れ率、経費率が非常に高くなるはずです。人件費は、「消費税の仕入れ額」に算入することはできませんが、外注費ならば算入することができます。だからサービス業でも外注費の割合が大きい場合は、簡易課税を選択しないほうが有利になる可能性が高いのです。

簡易課税は、一度選択すれば2年間は変更できません。だから簡易課税のほうが得になるかどうかは、事前にしっかり確認しなければなりません。

# 第6章

# サラリーマン大家になって税金還付

# 不動産はサラリーマンの格好の節税アイテム

この章では、サラリーマンが副業として不動産業を営み、税金還付を受ける方法をご紹介します。

昨今では、サラリーマンがローンを組んでアパートなどを買い、副業として不動産経営をするケースも増えています。

まとまったお金を持っている人が不動産を買って不動産経営をすることは、昔から行われてきました。それを普通のサラリーマンが行うことが増えているというわけです。

実は、**不動産業という形態自体はサラリーマンには適した事業**でもあります。

というのも不動産業は、あまり手がかからない業務です。

不動産事業は、開始当初こそ建物を建てたり購入したりと、少しわずらわしい手続きが必要です。さらに不動産を貸せる状態にするまでは、けっこう大変です。でもいったん賃貸を始めれば、後はそれほどすることはありません。

たまに部屋の不具合やトラブルが起きて対処するくらいです。

手間がかからずに済みます。

「何もしなくていい」とまでは言いませんが、少なくとも他の事業に比べれば、はるかに手間がかからずに済みます。

２０１６年にはアパート向けの融資が過去最高を記録しています。つまりは、ローンを組んでアパートを建てる人が激増したわけです。

このアパート向け融資は、あまりにも件数が増えたため、数年ほど前から金融庁の監督が厳しくなりました。そのため、ここ2、3年ほどはアパート向け融資は少し減っているようですが、それでもかなりの高水準です。

不動産業をするには、大きなお金が必要というイメージがあるかもしれませんが、決してそうではありません。

不動産と言っても、さまざまなものがあります。何千万、何億の金が必要なものばかりではありません。

サラリーマンの収入に見合った不動産もあります。

サラリーマンはローンを組めば、3000万、4000万円の物件は買えますし、ローンを組むのがいやなら200万、300万円で買える中古マンションもあるのです。何も駅前にビルを建設しようというわけではないのです。

詳しくは後ほど述べますが、不動産業を営めば、サラリーマンでの給与所得を減額し、源泉徴収された税金を返還してもらうことも可能になるのです。

これをうまく使えば、税金を減らしながら、老後の資産を蓄積するという一石二鳥の財テクになるのです。

これまで不動産は、**金持ちの節税アイテム**として利用されてきました。

不動産は、さまざまな税務上の特典があるので、ただお金を貯め込むよりも不動産を購入したり、不動産業を営んだほうが税金が安くつくのです。億万長者で、不動産を活用していない人はいない、とさえ言えるでしょう。

しかし先ほども言いましたように、不動産は金持ちの税金が安くなるだけではなく、普通の人の税金も安くなるのです。

このせっかくの節税アイテムを金持ちだけに使われてしまうのは、悔しい話です。サラリーマンもぜひ、不動産で税金が安くなる仕組みは覚えておきたいものです。

# なぜサラリーマン大家は税金が安くなるのか

賃貸アパート、賃貸マンション、貸家などの不動産事業は、サラリーマンにとってかなり有効な節税策となります。

どういうことか簡単にいえば、不動産業で赤字が出れば、その分を給料所得から差し引くことができるので、給料の税金が安くなるということです。

第2章でご説明したように、個人の所得にかかる税金（所得税、住民税）というのは、いくつかの所得を組み合わせて税金の申告をするようになっています。

そしてサラリーマンがアパート賃貸などの不動産業をしている場合、サラリーマンでの給与所得と、アパート賃貸での不動産所得は合算して、その総額に対して税金がかかるようになります。

もし不動産所得が赤字だった場合、その**赤字分は給与所得から差し引かれる**ことになるのです。

たとえば給与所得が500万円あって、不動産所得は赤字300万円ある人がいるとします。

この人の税金は、500万円－300万円で差し引き200万円に対して税金がかかることになります。

会社の経理では、500万円の所得として税金が計算され、源泉徴収されていますから、当然、払い過ぎていることになります。なので、この人は確定申告をすれば、源泉徴収された**税金がかなり戻ってくる**のです。

この方法で給与所得の税金を還付してもらっている人は、けっこういるのです。

## お金は減らないのに経費を計上できる「減価償却」とは

不動産業で赤字を出して税金を安くする、というと、どうしてもこういう疑問が起きることでしょう。

「税金が減っても不動産業で赤字を出せば、元も子もないじゃないか?」と。

確かに不動産業で大きな赤字を出してしまえば、給料の税金が安くなったところで収入自体が大きく減るわけなので、本末転倒ということになります。

だから不動産事業に関しては、赤字にならないように研究しなければならないといえます（不動産事業のノウハウについては、筆者は専門ではないので他書で研究してください。本書では、あくまで「不動産業を行うことによるサラリーマンの節税」を紹介するのが趣旨ですので）。

けれど不動産業には不思議な仕組みがあり、実際にはお金は出ていっていないのに帳簿上は赤字になっている、ということがあるのです。

不動産業には**減価償却というマジック**があるのです。

第2章でご紹介したように、現在の税法では10万円以上の事業用の資産を購入した場合は、減価償却をすることになります。不動産事業を行うために、マンションやアパートを購入した場合、それも当然、減価償却をすることになります。

減価償却というのは、実際に費用として、お金が出ていくわけではありません。なのに、帳簿上だけ費用として計上されていくわけです。

## 「実質利益100万なのに赤字」のカラクリ

実質的には利益が出ているのに、帳簿上は赤字になるというカラクリ、会計初心者の方には、若干、わかりにくいところですね。

ここで実例を挙げて、ご説明しましょう。

木造モルタル建てのアパート（4部屋）を3000万円で30年のローンを組んで建てた人がいるとします（説明の便宜上、土地は最初から持っていたことにします）。

家賃収入は、ひと部屋あたり月5万円、年間60万円。4部屋とも1年間埋まっていたら240万円の収入になるわけです。部屋は年間8割程度埋まっていたとして、年間収入が192万円ということになります。

で、減価償却の話です。不動産のうち建物については、減価償却ができます（ただし土地の取得費には減価償却はできません）。

この建物の資産価値は3000万円です。木造モルタルの建物は耐用年数が20年なので、1年間に5％ずつ減価償却していくことになります。ということは、3000万円×5％で、150万円です。

つまり、この**150万円を減価償却費として計上**できるのです。

さらに、この人はローンを組んでアパートを建てていますから、その支払利子も経費として計上できます。

利率が2％として3000万円×2％で60万円。この60万円が支払利子として、計上できます。

減価償却費150万円に支払利子60万円を足せば、210万円です。この時点ですでに家賃の年間収入192万円を超えています。

これに不動産屋への支払いとか、建物の修繕費とか、さまざまな雑費とかの経費が全部で50万円あったとします。

すると経費は全部で260万円となり、約70万円の赤字になるのです。

で、実際のお金の出し入れはどうなっているかも計算してみましょう。

収入は192万円、これは全額現金で入ってきます。

出ていくお金は毎月のローンが10万円くらいなので、年間120万円程度です。そして不動産屋への支払いなどのもろもろの経費が50万円、固定資産税が20万円として全部で190万円。

つまり入ってくるお金（192万円）のほうが、出て行くお金（190万円）よりも多いことになります。

なのに帳簿上は、80万円以上も赤字が出ているのです。
もちろん、この収支は入室状況などによって変わってきます。

## 不動産業は多少の損をしても資産の蓄積になる

不動産業は、毎年の収支では多少の損をしていても、不動産という資産を持っているわけですから、資産の蓄積になっているのです。

もしかしたら家賃収入よりも、ローンの支払いのほうが大きいときもあるかもしれません。しかし、それだけで「損をしている」とはならないのです。ローンの支払いはただ出ていくお金ではなく、資産を蓄積しているのです。

不動産事業というのは、2つの収入があるのです。

「毎月の不動産収入」と「不動産そのものの価値」です。

「不動産そのものの価値」は、日常的にはあまり役に立ちませんが、いざというときに役に立ちます。

たとえば、どうしてもまとまったお金が必要なときに不動産を売却することで、大きなお金を得ることができます。またローンを完済していれば、その不動産を担保にお金を借りることもできます。

つまり不動産業というのは、日々の収入を得るのと同時に、**いざというときの保険**をかけているのと同じことなのです。

## 中古物件はさらに節税に

「不動産業をやってみたいけど、アパートを建てたり、新築マンションを買うまでには、まだちょっと思いきれない……」

と思っている方もいるでしょう。

そういう方には、中古物件を利用するという方法もあります。

売りに出ているアパートを買ったり、中古マンションなどを購入して賃貸にするのです。

またはすでに賃貸されている中古マンションなどを購入するのです。居住者がいる中古マンションは、空室のマンションよりも若干割安になっています。

中古物件は、減価償却の面でさらに有利になります。

建築されてからこれまでの経過年数の8割が耐用年数から差し引かれるので、かなりたくさんの減価償却費を計上できるのです。

たとえば築10年の木造モルタルアパートを1200万円（建物価格）で購入したとします。このアパートの耐用年数は、12年になります。ということは、このアパートは12年間で減価償却していくことになるので、年間100万円の減価償却費を計上することができます。

この物件を20年ローンで購入したとすれば、1年間のローン支払い額は60数万円になるので、出ていく金（ローン）は60数万円なのに、経費計上できる金（減価償却費）は100万円となるのです。

ただ中古物件については、気をつけなくてはならない点があります。

それは**収益性**です。

収益がいい物件であれば、オーナーはあまり手放すことはないので収益性が低いことも考えられます。

すべての中古物件がそうだとは言いませんが、あまり儲からないから売りに出されている可能性は否定できません。

その点はしっかり検討しなければならないでしょう。

過去、現在の収益状況は、不動産屋さんに聞けば教えてくれますし、特殊事情があれば、それも教えてくれるはずです。

## サラリーマンは大家に適している

不動産業は、実はサラリーマンにとても適しています。

というのも、まずサラリーマンは資金調達が容易です。サラリーマンは銀行や金融機関には非常に信用がありますから、マンションやアパートの建築資金はすぐに融資してもらえるのです。

これが自営業者やフリーランサーだったら、そうはいきません。

彼らは金融機関に信用がありませんから、過去の申告書を提出したり、これまでの収入状況を説明したりして説得する必要があります。

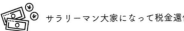

サラリーマンは、そういう作業がほとんどいらずにお金を調達することができるのです。サラリーマンは、自分ではこの利点にあまり気づいていません。この利点は、うまく使うべきだと筆者は思います。

筆者などは、サラリーマンから貧乏ライターに転じたので、この利点は嫌というくらい知っております。サラリーマン時代、クレジットカードの審査で落とされることなど、まず考えられませんでしたが、自営業者になると普通に落とされます。何度、デパートのクレジット受付で、**何度気まずい思いをした**かしれません。

おっと、話が横道にそれましたね。

サラリーマン大家の優位性は他にもあります。

不動産業は、あまり手がかからない業務です。だから忙しいサラリーマンにはうってつけなのです。

不動産事業は、開始当初こそ建物を建てたり購入したりと、少しわずらわしい手続きが必要です。不動産を貸せる状態にするまではけっこう大変です。でもいったん賃貸を始めれば、後はそれほどすることはありません。

たまに部屋の不具合やトラブルが起きて対処するくらいです。

「何もしなくていい」とまでは言いませんが、少なくとも他の事業に比べればはるかに手間がかからずに済みます。

数部屋程度の不動産業であれば、サラリーマンでも余裕でやっていけるのです。

そしてサラリーマンにはさらに有利な条件があります。

それは、サラリーマンは不動産業で遮二無二利益を上げなくていい点です。

サラリーマンには、本業があります。

その本業で食っていけるわけですから、不動産業で無理な経営をする必要はないのです。家（建物）は資産として残りますから、損さえ出さなければいいのです。

またサラリーマンの場合、副業をしようと思っても、会社が禁止していたりしてなかなかできるものではありません。

でも不動産業ならば、暗黙で認めている会社もけっこう多いものです。親が土地や賃貸物件を持っていてそれを引き継いでいるというような人は、いくらでもいますから。

だから副業としても、不動産業はサラリーマンにとって都合のいいものです。

ということで、ちょっと資金の余裕のあるサラリーマンが事業をしようという場合、不動産業はうってつけだとも言えるのです。

## 不動産は年金の代わりにもなる

不動産業は、節税になるとともに**年金の代わり**にもなります。

不動産業は、投資としてあまり有利ではないと時々言われます。実質的な年利が5％前後の物件も多いので、株など他の投資を行ったほうがいいわけです。

また不動産業は、資金の回収に時間がかかるので、年配の人にとっては元が取れないとも言われることがあります。

しかし筆者は、これも的を射たものとは思えません。

たとえば定年を5年ほど残した50代の人が、3000万円を不動産に投資したとします。この投資を回収するのは20年以上かかることになっています。もしかしたら、この人は、投資を回収するまで生きていないかもしれません。

しかし不動産投資をしていれば、一定の収入がずっと入ってくるわけです。

資金の回収が終わってからも、30年、40年と定額の収入が得られるわけです。老朽化して店子《たなこ》が入らなくなっても資産としては残っているので、そのときは売るか、建て直すかをすればいいわけです。

つまり不動産業は自分が所有している限り、その期間は金を生んでくれるものなのです。

一方、もし３０００万円を投資せずに、貯金していたとします。すると、この３０００万円は、年月とともに減っていくばかりなのです。

人間は、いつまで生きるのか、自分ではわかりません。50代のとき、残りの人生が20年になるのか、30年になるのか、はたまた40年になるのか、だれにもわからないのです。となると、３０００万円の貯金は、どのくらい使っていけばいいのか、計画の立てようがありません。

20年で死ぬならば、年間１５０万円は使える、でも40年生きる可能性もあるわけだし、その場合は75万円しか使えない、そういうことで悩まなければなりません。

また時間が経つごとに貯金は目減りしていきます。

70代で残額が１０００万円を切り、80代で残り２００万、３００万円などになっていけば、心細いことこの上ないものです。貯金で老後を過ごすというのは精神衛生上、非常によくないことなのです。

そういう点を考えれば、不動産業はその収入以上の価値があるといえるのです。

不動産事業は、投資した金を回収するのに何十年もかかるし、年利にすればそう大したことがないことが多いものです。

しかし年利にすれば大したことがなくても、毎年、毎年、**定期収入が入ってくる**という利点があります。

## 急な転勤で所有マンションが宙に浮いたときの不動産業

ところでサラリーマンの不動産業には、「不動産業を始めよう」と思って行うケースとは別に、転勤などで住めなくなった自宅を貸し出すケースもあります。

サラリーマンには、転勤はつきものです。

せっかくマンションを購入したのに、転勤になって住むことができないというケースも多いと思われます。

そういうときは、そのマンションを賃貸にして家賃収入を得ながら、節税をすることもできるのです。

マンションの賃貸収入はローンをやっと払える程度、不動産屋に手数料などを払えば、ローンもろくろく賄えない場合もあるでしょう。でも全額自腹でローンを払うよりはずいぶんマシです。

また賃貸業で赤字が出た分を給料で差し引くことができるので、節税にもなります。

これまで自分が居住用で使っていた家（マンション）でも賃貸にした場合は、はじめから賃貸にしていたのと同じように、減価償却費なども計上できます。つまり、不動産事業の経費は、ちゃんと計上できるのです。

だから、たいがいの場合、サラリーマンが自分の部屋を他人に貸すような局面では、帳簿上は赤字になります。

その**赤字を給与所得から差し引く**ことができるので、大きな節税となるのです。

そもそも不動産所得の赤字を給与所得で穴埋めできる仕組みは、転勤サラリーマンのために作られたものなのです。

転勤の多いサラリーマンは、せっかく家を買っても自分で住めずにやむを得ず、賃貸に出すことが多い。それではかわいそうなので、賃貸事業で出た赤字を給与所得で差し引くことで、せめて税金を安くしてあげましょうということだったのです。

ところが当局の案に反して、この制度を利用するのは、もともとの地主で不動産をたくさん持っているサラリーマンばかりになったのです。

だから地主サラリーマンばかりに美味しい思いをさせるのは、**癪《しゃく》にさわる話**です。みなさんも、ぜひ利用しましょう。

## 規模を拡大すればさらにダイナミックな税金対策ができる

ここまでサラリーマンが大家に向いていることを述べてきました。

しかし片手間ではなく、本格的に不動産事業をやってみたい人もいるでしょう。不動産事業を本格的にやれば、さらにダイナミックな節税ができます。

そのことをご紹介しましょう。

不動産事業は、規模の大きさによって所得税の取り扱いが違ってきます。

一定以上の規模で不動産事業を行っている場合は、「事業的規模」として認められ事業者と同じように本格的な節税策を講じることができるのです。
事業的規模の不動産事業をしたときの特典は次のようなものがあります。

**(1)事業専従者給与の経費算入ができる**
**(2)65万円の青色申告特別控除ができる**
**(3)業務用資産の取壊し、除却等損失の全額が経費算入できる**
**(4)賃貸料等の回収不能による貸倒損失がその年分の必要経費になる**

(1)の「専従者給与」というのは、自分の親族などがその事業で働いているときに払う給料のことです。つまり「事業的規模」になれば、自分の奥さんなどを従業員にし、給料を払うことができるのです。
青色申告にすれば、専従者給与が支払った分だけ認められます。白色申告でも50万円(配偶者は86万円)までの専従者控除が認められています。

しかし「事業的規模」でなければ、専従者給与、専従者控除は認められていません。だから家族が不動産事業の手伝いをしても給料は払えないということです。

**(2)**の「55万円の青色申告特別控除」というのは、「事業的規模」であれば、青色申告をした場合に55万円の控除が受けられるものです。

また電子帳簿保存かE-TAXによる税務申告を行っていれば、さらに10万円上乗せされ、65万円の特別控除を受けることができます。「事業的規模」でなければ、この特例が大幅に縮小され10万円の控除しかないのです。

**(3)**の「業務用資産の取壊し、除却等損失の全額が経費算入できる」は、自分が所有している事業用の建物を取り壊したり、売却したりするとき、損が出ればそれを所得から差し引くことができ、損が所得額を超えれば、赤字に計上することができるものです。

もし「事業的規模」でなければ、その年の不動産所得の金額までしかその損は計上できません。つまり建物の取り壊しなどの損金の計上は、赤字にすることはできないのです。

**(4)**の「賃貸料等の回収不能による貸倒損失がその年分の必要経費になる」は、家賃の回収不能などがあれば、その年に経費として計上できるということです。

このように「事業的規模」になれば、相当の税務上の恩恵を受けることができるのです。

もし不動産事業を始めて、自分の体質に合っていると感じた人は、規模を大きくして**「事業的規模」にまでするのも手**です。

## どの程度の規模があれば「事業的規模」と認められるのか？

前項では「事業的規模」のメリットを述べました。では、どの程度の規模があれば、「事業的規模」と認められるかをご説明します。

一定以上の規模とは、次のとおりです。

**(1) 貸間、アパート等については貸与することのできる独立した室数がおおむね10室以上であること**

**(2) 独立家屋の貸付けについてはおおむね5棟以上であること**

この条件のどちらかを満たしていれば、「事業的規模」として認められるのです。

不動産を自分一人ではなく共有で持っているとしても、この条件を満たしていれば、「事業的規模」になります。

貸室と貸家の両方を持っている場合は、貸室2部屋で、貸家1棟に換算できることになっています。

また駐車場を持っている場合は、5台分を貸室一つに換算することができます。なので10台分の駐車場と、貸室6部屋、貸家1棟を持っている人も「事業的規模」と認められるのです。

## 不動産業には落とし穴も

これまでサラリーマンが大家になると、節税になり資産蓄積にもなることを散々述べてきました。

ところが不動産業には、落とし穴もいっぱいあります。

高収益を誘い文句にして投資を呼びかける広告はたくさんありますが、ほとんど詐欺のような広告も多々あります。不動産業はそれほど甘いものではなく、落とし穴があるのです。

また不動産ならば、なんでも購入すればいいわけではありません。

収益が高い物件を購入するべきであり、「本当の赤字」が出るような物件は購入すべきではありません。節税額以上の赤字が出るようなら本末転倒だからです。

なので、物件選びは慎重に行いましょう。

1年間くらいは、いろいろ物件を見て回って研究したほうがいいでしょう。また自分の土地カンがある場所で購入したほうがいいでしょう。だいたいの相場もわかるだろうし、不動産業を行ううえでも都合がいいので。

こういうとき、収入の道があるサラリーマンは有利なのです。あわてて物件を買わなくてもいいですからね。気に入ったものがあれば買えばいいのですから。


気をつけていただきたいのは、**「不動産物件に掘り出し物はない」**ことです。

どういうことかというと、不動産物件というのは、「相場からかけ離れて安いものが出回るようなことはない」のです。

不動産物件というのは、不動産業者をはじめ、いろんな業界の人が虎視眈々《こしたんたん》と狙っているものです。

少しでもいい物件があると、たちまち彼らに押さえられてしまいます。だから素人が掘り出し物を手にすることなど、あり得ないのです。

もしそういう物件があるとすれば、なんらかの理由があるのです。毎年、洪水で水浸しになるとか、事故物件とか、どこかに欠陥があるものです。相場よりも安い物件に出くわせば、その理由をとことん聞くことです。

だからといって、市場よりも著しく高い物件もそう出るものではありません。不動産業界は競争が激しいので、市場価格ギリギリのところで推移していることが多いのです。だから普通にやっていれば、そう変なものをつかまされることはありませんので、素人だからといって恐れるものでもありません。

ただ、その地域の相場とか、立地条件と値段の関係などは十分に研究したほうがいいでしょう。

不動産購入に関する詳しい話は本書の趣旨ではないので、この程度にしておきますが、くれぐれも研究は怠《おこた》らないことです。

## 業者がすすめる物件には難があるものが多い

不動産業をするにあたって、肝に銘じていただきたいことがあります。

それは業者のすすめる物件を鵜呑みにして購入するのは、非常に危険だということです。

昨今、増えているサラリーマンの不動産業は、そのほとんどが業者が広告などをしてすすめている物件を購入したものです。しかしその多くで、収益等は思わしくありません。

そもそも、その物件が儲かるのであれば、不動産会社は自分たちでやっているはずなのです。わざわざほかの人に売りに出すということは、あまり儲からないからなのです。

また現在でさえ、少子高齢化で空き家問題などが生じており、家が余っているのです。今後は、もっともっと空き家問題は深刻になってくると思われます。

しかも前述したように、最近、賃貸アパート、賃貸マンションが急激に増えているのです。よほど条件のいい物件じゃないと、収益的には成功しません。

もちろん、収益は物件によります。都心部の駅近にある物件ならば、ある程度の収益は見込めます。しかし、そういう物件は値も張りますし、購買時の競争も激しいものです。

また不動産投資において、一番美味しい物件やいい場所は、すでに押さえられているものが多いのです。空き室が出てもすぐに誰かが入居するような利便性の高い場所は、不動産会社が押さえていることが多いのです。

昨今のサラリーマンたちが手を出している不動産物件というのは、あまり収益が見込まれず、既存の投資家や不動産会社が手を出しかねているものも多いのです。

だから不動産業をしてみようと思っている人は、相当に研究しておくべきなのです。それができる人が不動産業を始めるべきだといえます。

## 不動産価格急落の危険は?

不動産事業をするときに、もっとも懸念されるのは、不動産の価値が急落することでしょう。

20数年前にバブルの崩壊、10数年前にサブプライムローン問題を経験した私たちにとって、不動産価値の下落は大いなる脅威となっています。

「不動産の価値は絶対に下がらない」

ということはありません。

だから不動産事業をするときに、不動産の価値が下がるリスクは、認識しておかなければなりません。不動産の相場がどうなるのかというのは、だれにもわかりません。

筆者としても、不動産事業をすれば間違いなく成功するなどと言うことはできません。けれどバブル崩壊やサブプライムローン問題のような、ダメージを受けないで済むように不動産業を行うことは可能です。


バブル崩壊やサブプライムローン問題で打撃を受けた人というのは、二つの大きな特徴を持っています。

一つは、不動産の値上がりを当て込んだ商売をしていたことです。

もう一つは、バブルに乗じた無理な資金調達をしていたことです。

バブル崩壊やサブプライムでダメージを受けた人は、はじめから不動産の値上がりを期待した商売、言ってみれば投機をしていたわけです。不動産を担保にしてお金を借り、転売して莫大な利益を上げる。だから不動産価値が値下がりすれば、借金が返せなくなり、たちまち行き詰まってしまったわけです。

バブル崩壊も、サブプライムローンも枝葉の違いはありますが、だいたいこのような仕組みで破綻にいたったわけです。

つまりは、彼らは丁半博打《ちょうはんばくち》をしていたようなものです。

なので博打的な要素を排除し、不動産の価値が値上がりしなくても、やっていけるような状態で不動産事業をすればいいのです。

サラリーマンは、その職業的な信用でお金を貸してもらうわけですので、収入が極端に下がらない限り、ローンが払えなくなることはありません。だから無茶な融資を受けて、なにもかも失うようなことはないでしょう。

まあ、サラリーマンに限らず、今はどこの金融機関も無理な融資はしてくれないので、どうしても堅実な調達にならざるを得ないと思いますが。

それと**不動産の値上がりの収益を期待しない**ことです。不動産が値上がりして、それを売却して利益を得ようなどとは考えず、不動産事業そのもので収益を上げられるようにするべきです。

この点を考慮しておけば、不動産価値の下落が起きたとしても、なにもかも失うようなダメージを受けることはないのです。

# 第7章

# 副業でも
# 会社をつくれる

## 副業で会社をつくることは可能か？

事業をする場合には、個人事業として行うか、会社をつくって会社で行うか、という選択肢があります。

副業であっても会社をつくって事業を行うこともできます。

ただし副業で会社をつくった場合、「税金還付」はできなくなります。

税金還付になる仕組みというのは、前述したように、「サラリーマンでの給与所得」から、事業で生じた「事業所得の赤字分」を差し引くことによって成り立っています。

会社をつくった場合は、会社と個人はまったく別のモノという扱いになるので、会社の所得と個人の所得はまったく切り離されてしまいます。だから会社で赤字が出たからといって、個人の所得から差し引くことはできないのです。

では副業で会社をつくることは税金に関してまったく意味がないか、というとそうでもありません。

もし副業がかなり成功して多額の黒字が出るようになった場合、税金もしっかりかかってきます。その際、個人事業で税務申告するより、会社として税務申告したほうが節税の幅が広がります。

つまり個人事業よりも会社のほうが事業での節税については、有利になることが多いのです。

また会社をつくると、世間的な信用も増します。副業であれば、どうしても**「腰掛けで仕事をしている」**というイメージを持たれがちです。しかし会社をつくってやっているとなれば、本格的に仕事をやっていると捉えてもらえることも多いはずです。

だから副業がうまくいって「赤字を出して税金を還付する」という範疇《はんちゅう》を超えて、「黒字になって多額の税金がかかる」という段階になったときには、会社をつくる選択肢を考えてもいいと言えます。

若干、本書の趣旨とはズレますが、本章では、

「会社をつくればなぜ節税になるのか」

「副業で会社をつくるにはどうすればいいか」

ということを簡単に説明したいと思います。

## 「会社をつくる」とは？

前述したように「事業をする場合」には、個人事業者と法人（会社）という二つの形態があります。両者の違いは、法人登記をしているかどうかだけです。同じような事業を行っていても、法人登記をしていれば法人（会社）となり、法人登記をしていなければ個人事業ということになります。

これは副業であっても同様です。副業であっても、会社の登記をしていれば「会社」となり、会社の登記をしていなければ個人事業となるのです。

そして副業であっても会社設立の要件さえ満たしていれば、会社の登記はできます。会社設立の要件も、ざっくり言えば印紙代を用意していれば、ほぼ満たすことができるのです。

個人事業と会社は、法人登記をしているかどうかだけの違いなのに、法律上の取り扱いはまったく違ってきます。特に税法上は大きな違いがあります。

起業に関する本などでは、よく**「事業を会社組織にすれば税金が安くなる」**というようなことが書かれています。

確かに会社と個人事業者を比べれば、会社のほうがたくさんの節税方法があります。会社は個人事業よりも多様な経費の計上が認められているからです。

会社をつくると、ダイナミックな節税ができます。

たとえば会社には、福利厚生費という費用が大幅に認められています。福利厚生費というのは、社員の福利厚生に関する費用です。これは個人事業者にも認められています。ところが個人事業者の場合は、事業者自身の福利厚生に関しては、生活費との区別が難しいことから、あまり広範囲には認められない傾向にあります。

しかし会社の場合は、経営者に対する福利厚生であっても、ほかの社員と同様に認められます（詳細は188ページ）。

また個人事業者の場合は、家族を従業員にすると、その家族の分の扶養控除は受けられないなどの制約があります。しかし会社の場合はそういう制約もなく、普通に家族を従業員にすることができます（詳細は184ページ）。

たとえば不動産業でも事業の規模に関係なく、会社としての税務上の恩恵を受けられます。

前述したように不動産業では、一定の事業規模がなければ、家族従業員への給料が認められなかったり、賃貸料未払いをその年の経費に計上できなかったりなどの制約があります。しかし法人登記をすれば、事業規模には一切関係なく、どんな小さな会社であっても大会社と同様の税務が認められているのです。

ただし会社をつくって税金を安くするためには、さまざまな節税方法を駆使することが必要です。そしてさまざまな節税方法を使うには、それなりの知識と手間も必要となります。上手に利益の調整をすれば、「会社をつくれば税金は安くなる」のです。

しかしその調整に失敗すると、会社をつくることによって**逆に税金が高くなってしまうこともあります。**

もともと会社は設立するにも維持するにも、それだけで費用がかかります。

そして会社を自分でつくって自分で経営するオーナー社長は、「会社の利益」「自分の報酬」「株の配当」と3回にわたって税金が課せられます。個人事業者の場合は、事業所得に税金が課せられるだけなので、単純に見れば会社のほうが税金が高くなります。

事業をする人は何も考えずに法人登記を行う人もいるようです。ですが、これはおすすめできません。会社にするより、個人事業者として事業を行ったほうが得をすることは多々あるからです。

## 会社の経理は非常に難しい

会社は個人事業に比べて、経理や税務の作業が非常に厳しくなることを念頭に置いておかなければなりません。

起業して会社をつくるときの**最大のデメリットは税務会計に対する厳しさ**だといえます。

会社の場合は、会計について商法や有価証券取引法などさまざまな法律で定められており、厳しい基準があります。会社を運営するには、その基準をクリアした会計処理を行わなければなりません。

個人事業者の場合、前述したように青色申告をする際にはそれなりの会計基準をクリアしなければなりませんが、会社に比べればかなり緩いといえます。

会社の経理や税務などは、なかなか経営者が全部自分でやるということはできません。

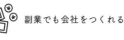

必然的に税理士などに依頼することが必要となります。もちろん、それには費用がかかります。

また会社をつくった場合、設立し、運営するだけでさまざまな経費がかかります。登記費用などもかかりますし、前述したように会社には個人事業者よりもたくさんの税目が課せられます。

会社の税金の中には、収益の多寡《たか》にかかわらず払わなければならない「均等割」の税金もあります。会社というのは、個人事業よりも「固定費」がかかるのです。

## 売上1000万円を超えていなければ会社をつくっても意味がない

「会社をつくって税金を安くする」ためには、ある程度事業の規模が大きくないと、元は取れないことになります。前述したように、会社を設立し維持するだけでお金がかかりますし、節税するためには税理士費用などもかかるからです。

総じて言えば、会社をつくって税金を安くするためには、

**・節税のための手間をかけられること**
**・それなりの事業規模があること**

が求められるといえます。

では事業の規模がどのくらいならば会社をつくって節税になるのかというと、ざっくり言って**売上が1000万円程度**といえます。

事業の分野によって事情が異なるので一概には言えませんが、売上が1000万円を超えていなければ、会社をつくっても講じられる節税策は限られているので、ほとんど意味はないでしょう。

また売上が1000万円を超えても、利益があまり出ていないのであれば、これも意味がありません。会社をつくって維持するにはそれなりの費用がかかるので、それをペイできるほどの節税額が必要となるからです。

## 「法人登記する」とは？

会社をつくるというのは、つまりは法人登記をするということです。
この法人登記とは、どういうものなのか簡単にご説明します。
現在、日本で設立できる会社には次の４つの種類があります。

- **株式会社**
- **合同会社**
- **合資会社**
- **合名会社**

このうち合資会社と合名会社は、「会社の損失に対して無限の責任を負う」など古いタイプの組織です。新規に事業を行う際につくる会社としては現実的ではありません。

現実的に今から会社をつくるとなると、株式会社か合同会社ということになります。株式会社も合同会社も「有限責任」です。「有限責任」とは、会社が負債を抱えて倒産したときなどに、出資者は出資した金額の責任しか負わなくていいということです。

では株式会社と合同会社はどう違うかというと、一番大きいのは**「登録免許税の額」**です。

法人登記する際に、株式会社の場合は15万円の登録免許税がかかります。印紙代等そのほかを合わせて登記するときにだいたい25万円程度のお金がかかります。

ところが合同会社の場合は、登録免許税は6万円であり、そのほかの登録のための諸経費を合わせても、だいたい10万円程度で済みます。

だから、なるべく安く法人をつくりたい場合は、合同会社がいいことになります。

株式会社と合同会社では、出資者に対する配当の方法が違ったり、代表者の名称が違うなどの違いがあります。が、自分が出資して自分が経営する「オーナー経営者」の場合は、実質的な経営方法にはほとんど違いは出てきません。そして株式会社も合同会社も、税法上は「法人」として取り扱われます。税法上の区別はまったくありません。

もちろん株式会社のほうが知名度があるので、社会的な信用を得られやすいというのはあるでしょう。しかし昨今ではアマゾンの日本法人をはじめ、「合同会社」の大手企業も増えてきています。

法人登記は自分でやることもできます。ただし、かなり面倒で難しい作業なので普通は司法書士などに依頼するほうが無難です。その費用は5万〜10万円ほどです。

## 家族を社員にするというオーソドックスな手法

何度か触れたとおり会社は、個人事業者よりも節税の幅は非常に広がると言えます。会社と個人事業者でもっとも違う部分は「家族への給料」と「福利厚生費」だと言えます。この二つをうまく使えば、税金は非常に安くなります。

まずは「家族への給料」からお話ししましょう。

前述したように、個人事業者も家族に対して給料を払うことができます。ところが白色申告の場合は額が限られ、青色申告の場合は配偶者控除が受けられないなど、いろいろと制約がありました。

しかし会社の場合、経営者の家族であっても、ほかの役員や社員と同様に給料を出すことができるのです。また家族や親族を会社に入れることは、信頼できる社員を会社に入れるということでもあります。

だからオーナー社長が家族や親族を会社の中に入れることは、非常に**オーソドックスな節税策**となっています。上場企業などでも、創業者一族が会社に入って経営に携わっていることは多々あります。

特に小さい会社の場合は、**絶大な節税効果を発揮**します。

日本の所得税は累進課税になっており、所得が大きい人のほうが税率が高くなる仕組みになっています。だから給料を家族に分散したほうが、全体の税金を安くすることができるのです。

芸能人が売れ始めると会社（個人事務所）をつくり、自分の家族を役員に据えることがよくありますが、それは節税策でもあるのです。

## 経営者は会社から雇われているという建前

「会社から家族へ給料を払う」というお話をする前に、経営者の報酬についてご説明しておきたいと思います。

会社の税務上の取り扱いで一番大きな特徴は「経営者といえども会社から雇われている」という形になっていることです。

　株主や経営者と会社というのは、法律の上では別のものとして取り扱われます。自分が株主で自分が経営している会社であっても、「株主」「会社」「経営者」というのはまったく別のものという建前があるのです。

　株主が資金を出して会社をつくり、会社は経営者を雇って経営をさせるということです。だから経営者の報酬というのは会社の利益とは関係なく、会社から決まった額が支払われることになります。

### 個人事業者と会社の税金の仕組み

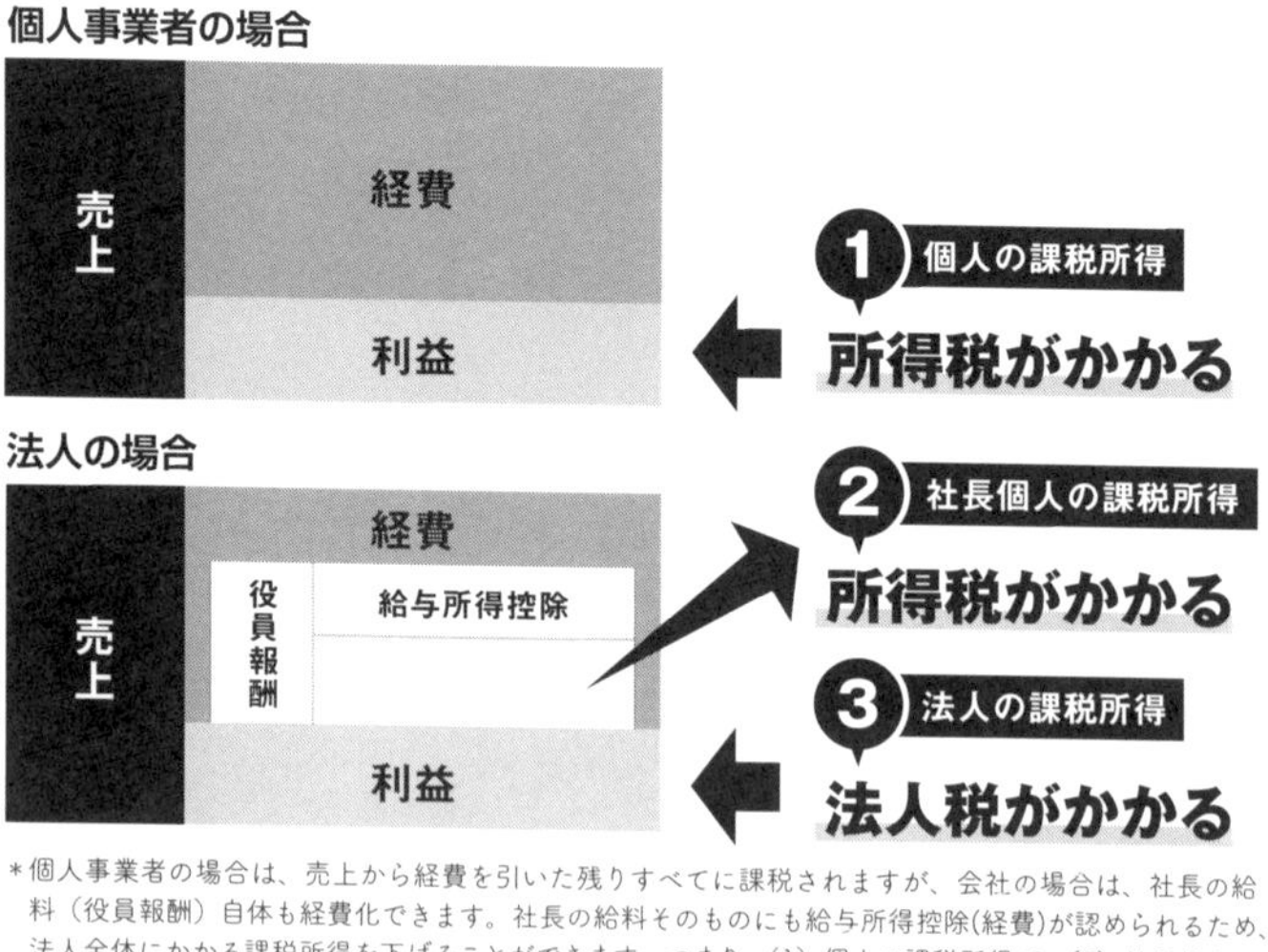


＊個人事業者の場合は、売上から経費を引いた残りすべてに課税されますが、会社の場合は、社長の給料（役員報酬）自体も経費化できます。社長の給料そのものにも給与所得控除(経費)が認められるため、法人全体にかかる課税所得を下げることができます。つまり、(1) 個人の課税所得が、(2) 社長個人の課税所得＋ (3) 法人の課税所得よりも多い場合は、会社のほうが得だということになります。

この点が個人事業者と大きく違うところです。

個人事業者の場合は、事業の利益はすなわち個人の所得となります。が、会社の場合は、会社の利益はあくまで会社のものであり、経営者の報酬とは別のものとして取り扱われるのです。

## 家族を社員として雇用するときの注意事項

「会社から家族に給料を払う」のは非常に簡単です。

家族を会社で雇用し給料を払えばいいだけです。これは副業であっても同様です。

経営者が自分の家族を会社の役員や社員にした場合、税務署から文句を言われないかと懸念を持つ人もいるでしょう。

もちろん何も働いていないのに、家族に高額の報酬を出したりすれば、税務署も指摘します。

しかし社員として給料をもらう条件をクリアしていれば、税務署もそうそう指摘はできません。その条件とは次の二つです。

- **ちゃんと仕事をしていること**
- **給料の額が妥当**

妥当な給料の額とは、その仕事を第三者に依頼したときに、どのくらいの給料を払わなくてはならないかということです。

たとえば、ちょっとした雑用であっても、これを他人にしてもらうためには、それなりの給料を払わなくてはなりません。その給料が妥当な給料の額となります。

その程度の給料であれば、**税務署は何も言えない**のです。また世間並みよりも若干待遇がいいくらいの程度ならば、税務署も文句は言えません。そういう企業はいくらでもあります。

## 福利厚生費の範囲はかなり広い

次に福利厚生費のことをお話ししましょう。

会社の税務が個人事業の税務と大きく違う点に福利厚生費があります。

個人事業者にも福利厚生費は認められています。ただし、事業者自身への福利厚生費は税務署は認めない方針をとっています。

しかし会社の場合は、経営者でもほかの社員と同様に福利厚生費を受けられますので、よりダイナミックに節税ができるのです。

福利厚生費というのは、会社の従業員の福利厚生などにかける費用です。健康に関する費用、衣食住の補助、娯楽費の補助など多岐にわたります。

そして従業員が経営者1人しかいない小さな会社であっても、経営者とその家族だけでやっている会社であっても、福利厚生費を使うことができるのです。

つまり福利厚生を充実させることによって、会社の金を使って経営者や家族の生活を充実させることができるのです。

具体的に言えば、人間ドックなどの健康管理費用、病気入院費の補助、冠婚葬祭時の慶弔費、アパート、マンションなどの住居費の補助、スポーツジムの会費、観劇やスポーツ観戦などのレジャー費の補助、家族旅行の補助などもOKなのです（一定の条件はあります）。

また夜食代や昼食の補助まで適用されるのです（詳しくは189ページ）。役員や社員の衣食住の大半は、福利厚生で賄えるといっても過言ではありません。

福利厚生費は1年間にどれだけ、という制約はありませんし、簡単に増減できます。だから儲かったときには、たくさん福利厚生費を使い、儲からないときには減らすことで税金の調整弁となり得るのです。

## 福利厚生費として認められる範囲とは？

福利厚生費というのは明確に範囲が決められているわけではなく、税法では、

「世間一般で福利厚生として認められる範囲」

「経済的な恩恵が著しく高くないこと」

となっています。

大企業、官庁で取り入れられている福利厚生ならば、まず大丈夫です。スポーツ観戦、観劇なども、その範囲と考えていいでしょう。野球観戦のチケットを福利厚生として配布する大企業などは多いですからね。また役所の福利厚生で観劇などもあるので、コンサートももちろん大丈夫でしょう。

ただし、一部の社員だけが享受できるものではダメです。「希望すれば誰でも享受できるような仕組み」になっていなければならないのです。

またレジャーに関する費用（チケット代）などは、会社が手配し、それを社員（役員含む）に配布するという形を取らなくてはなりません。社員（役員含む）が自分で購入し、会社はその代金を後から支給する形になっていたり、会社はお金だけを出すのではNGです。

もしそういう形であれば、社員（役員含む）に対する給料（報酬）という扱いになります。

## 会社の「借り上げ住宅」という仕組み

福利厚生費の中で、もっとも大きいものは住居費だといえます。一定の条件をクリアしていれば、経営者や従業員の住居費を出すこともできるのです。

その条件をざっくり言えば、役員や社員が住んでいる家（部屋）を会社の借り上げにして、社宅として役員や社員に貸すというものです。そして従業員や役員は一定の金額（家賃）を会社に払っていればOKなのです（詳細の計算式は次ページの表のとおり）。

この方法は、単なる「家賃の補助」ではダメです。あくまで会社が直接借りて、そこに

## 借り上げ住宅で社員が会社に払う金額の計算式

### 社員の場合

① その年度の建物の固定資産税の課税標準額×0.2％
② 12円×その建物の総床面積の坪数
③ その年度の敷地の固定資産税の課税標準額×0.22％

①②③の三つの計算式で出された金額を足した金額の「半額以上」社員が払っていればOK。役員の場合、①②③の三つの計算式で出された金額を足した金額を払っていればOK。

### 役員の場合

**●小規模住宅の場合（木造132㎡以下、木造以外99㎡以下）**
① その年度の建物の固定資産税の課税標準額×0.2％
② 12円×その建物の総床面積の坪数
③ その年度の敷地の固定資産税の課税標準額×0.22％

①②③の三つの計算式で出された金額を足した金額を役員が払っていればOK。

**●一般住宅の場合（小規模住宅以外の場合）**
(1) 自社所有の社宅の場合
次のイとロの合計額の12分の1を役員が払っていればOK。
**イ**　(その年度の建物の固定資産税の課税標準額)×12％
ただし、法定耐用年数が30年を超える建物の場合には12％ではなく、10％を乗じます。
**ロ**　(その年度の敷地の固定資産税の課税標準額)×６％

(2) 他から借り受けた住宅等を貸与する場合
会社が家主に支払う家賃の50％の金額と、上記(1)で算出した賃貸料相当額とのいずれか多い金額を役員が払っていればOK。

※ただし床面積が240㎡を越え、プールなどの贅沢な施設がある「豪華住宅」の場合は、役員は家賃を全額支払わなければなりません。

社員が住む形をとらなければなりません。

## 食事代を福利厚生費で落とす

福利厚生費の中で次に大きいのが食事代です。福利厚生費では、一定の条件を満たせば、役員や従業員の食事代を支出することができるのです。

そして役員や従業員にとっても、給料としての扱いにはなりません。だから会社にも役員、従業員にも税金はかからないのです。これをうまく使えば事実上、役員、従業員の生**活費を無税で支給する**ことになります。

しかもこの福利厚生費からの食事代は、会社の人数に制限があるものではありません。少人数の会社は不可という規定はないのです。だから経営者一人でやっている会社、夫婦や家族でやっている会社でも適用できます。

たとえば家族でやっている会社があったとします。

家族はみな毎日、夜遅くまで働いています。経営者の妻が近所のスーパーで材料を買ってきて夜食をつくり、社員に支給します。この夜食代は、会社から経費で出すことができるのです。

福利厚生費から食事を支給するときの条件は、食事の状況によって変わってきます。

**昼食の場合**

昼食は一定の条件を満たせば、月3500円まで会社が福利厚生費として支出できます。

一定の条件とは、次の3つです。

- **従業員が一食あたり半分以上払うこと**
- **月3500円以内であること**
- **会社が用意するか、会社を通じて仕出しや出前をとること**

**夜食の場合**

夜食の場合は、昼食よりもはるかに支出できる額は大きいです。夜食代を会社が負担した場合、全額を福利厚生費として支出できるのです。

ただし、この夜食もあくまで会社が支給したという形を取らなくてはなりません。夜食は、会社が自前でつくるか、会社が仕出しや出前をとったものを社員に提供しなければならないのです。

また夜間勤務の場合、出前などは取らなくても1回300円までの食事代の現金での支給は福利厚生費で支出できます。

この夜食について、何時からが夜食という規定はありません。だから常識の範囲内での「夜食」であれば、大丈夫ということです。

いつも残業している会社なら、「夕食代は福利厚生費で出す」ことができるのです。

## レジャー費用も会社の経費で落ちる

食事だけじゃなく、レジャーの費用も福利厚生費として計上することができます。

福利厚生費というのは、従業員の福利厚生のための費用です。レジャー、レクレーションなどの費用も当然、含まれるわけです。

しかもレジャーというと、かなり範囲が広くなります。

遊び全般はレジャーといえます。遊び全般の費用を福利厚生費で出せれば、こんなにいいことはありません。

では法的にレジャー費は、どこからどこまでならば福利厚生費として認められるのか、というと、実は明確な基準はないのです。

世間一般で福利厚生として認められる範囲となっています。福利厚生というのは、時代とともに変わるものです。たとえば昔は会社の慰安旅行で海外旅行は認められていませんでした。しかし現在は、海外慰安旅行も福利厚生費として認められています。

時代の趨勢で、福利厚生費の範囲は広がっていくといえます。ただし、どこまで広がっているのか明確な基準がないだけに、会社としては使いづらい面もあります。

もちろん大企業、官庁で取り入れられている福利厚生ならば、まず大丈夫です。スポーツ観戦、コンサートチケットなどは、大企業や官庁などで普通に福利厚生として支給されています。

なので、**十分に福利厚生費の範疇と考えていい**でしょう。

つまりスポーツ観戦やコンサートのチケットの代金を会社の金で出すことができるわけです。スポーツファンや音楽ファンの経営者にはたまらないでしょう。

ただ、あまりに何回も行くとマズイといえます。

福利厚生費は、世間一般の常識の範囲内ということなので、毎週コンサートに行ったりするのは、ちょっと常識からはずれます。年に数回というところが妥当でしょう。

また福利厚生費で気をつけなくちゃならない点は、一部の社員のみが対象になっていてはダメな点です。逆に言えば社長1人しかいない会社では、社長1人で行ってもいいわけです。

ただし他に社員がいる場合は、皆に同等の福利厚生をしなければなりません。

またこのチケット代は会社が購入し、それを社員（役員）に配布するという形を取らなくてはなりません。社員（役員）が自分で購入し、会社はその代金を後から支給するという形であれば、社員（役員）に対する給料（報酬）という扱いになります。

だから、**「会社が購入↓社員に配布」**という形は、崩してはならないのです。

社長1人の会社などでは、結局、自分で買って自分でもらうことになるでしょうが、形式は守らなくてはならないのです。領収書なども、個人宛ではなく、会社宛でもらっておいたほうがいいでしょう。

## 福利厚生費として認められる基準

これまで福利厚生のことを説明してきました。しかし、「福利厚生として認められるものの基準がわからない」という方も多いでしょう。

なので、この章の最後の福利厚生の基準について、おさらいをしておきましょう。

福利厚生には、大まかに言って次の3つの基準があると思ってください。

**1　社会通念上、福利厚生として許容されているもの**

**2　特定の社員だけが享受できるものではなく、社員全体が享受できるもの**

**3　会社が購入したモノ、サービスを社員に支給するという形を取る**

一つ目は、「社会通念上、福利厚生として認められるもの」です。

実は福利厚生費の範囲というのは、それほど厳密な線引きはされておらず、世間の価値観に委ねられています。だから大企業などを参考にして、それにかけ離れていないものならば大丈夫ということです。

二つ目は、社員のだれもが同様に享受できるものであることです。役員など、ごく一部の人しか使えないものではダメということです。

これは必ずしもだれもが同じだけ使わなくてはならないということではありません。たとえばスポーツジムなどの場合、だれもがスポーツジムに行ける状況さえ整っていればいいということです。

ある人は毎日行くけれど、ある人はまったく行っていなくても、だれもが行こうと思えば行けることになっていれば、大丈夫ということです。

三つ目は、福利厚生はあくまで会社が社員に支給するという形を取らなくてはならない、ということです。

社員が自分で何かを購入したりサービスを受けたりして、会社はお金を出すだけ、という形ではダメなのです。

あくまで会社が購入したものや、契約したサービスを社員に支給する形を取らなければならないのです。

この三つを守っていれば、福利厚生費として認められるといえます。

このように会社をつくれば個人事業よりも、かなり**ダイナミックに節税策を施す**ことができるわけです。ただ、それなりに固定費が増えますので、事業の規模がそれなりに大きくないと元が取れないことになります。

だから、かなり副業の事業がうまくいったときに考えるべきでしょう。

# 第8章

# 確定申告の仕方は簡単

## 申告書は自分でつくろう

副業で税金還付を受けるには、当然のことですが確定申告をしなければなりません。確定申告というのは、所得税の申告書です。

副業する人に関係する税金は、前述したように所得税と住民税です。このうち、申告をしなければならないのは、所得税なのです。所得税と住民税は連動していて、所得税の申告をすると、自動的に住民税も確定することになっています。

だから原則として、**住民税の申告は必要ない**のです。

この確定申告は、自分でやらなければ意味がありません。

というのも、もし税理士に依頼するならば最低でも年間10万円くらいはかかります。決算書などは自分でつくり、申告の記載だけ依頼する場合は、これよりも少なくて済む場合もあります。それでも数万円は確実にかかります。

この税理士報酬を払うくらいなら、どうにかして自分で申告したほうがいいはずです。特にサラリーマンの副業の場合は、税理士報酬を払ってしまえば、還付される税金は微々たるものになってしまい、還付金より税理士報酬のほうが高くなる人もたくさんいるはずです。

白色申告の場合は、まあ普通に頑張れば申告書は自分でつくれるでしょう。というより、白色申告で税理士に依頼するのは、逆にもったいないです。頑張って自分でやりましょう。

青色申告の場合、これはかなり大変ですが、頑張ればできないこともありません。青色申告会などの相談機関などもありますので、これをうまく利用しましょう（詳細は後述）。

## 売上の記録はもっとも大事

確定申告をする場合、まず日々の売上や経費を記録しなければなりません。

まあ、事業（副業）をする方というのは、売上（収入）については、過敏な場合が多いですから、ほとんどの方が売上（収入）については、だいたいは把握されているでしょう。

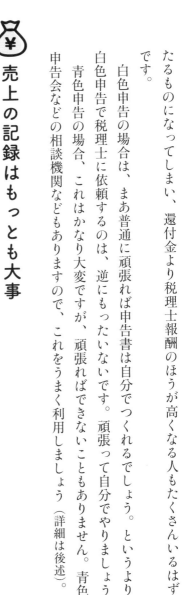

でも、もし自分が今年どのくらい売上があったかわからないという人は、自分の売上をチェックしてみてください。

売上は、税金の申告をするうえで最低限の必要情報です。これがわからなければ、申告をするのは難しいです。

また売上がそのくらいあったかというのは、今後事業を続けていくうえでも大切な情報です。

だから、まずは**売上をきっちり把握**してみましょう。

また申告の際に、売上だけは、きちんと正確な計上しておかないとなりません。

もちろん本来は他のことも正確にしなければならないのですが、優先順位からいうならば、売上は絶対に最上位になるのです。他のことはいい加減であっても、売上だけは、きちんと計上すべきなのです。

というのは税務署は売上に関しては、広く情報を収集しています。あなたの取引先からも資料をもらっていて、あなたに対する支払いの情報を持っているかもしれないのです。

そして売上をごまかした場合、税務署は非常に厳しいです。

もし一個でも、売上に計上していない収入が税務署に見つかった場合、税務署は「他にもあるだろう?」ということで、血眼《ちまなこ》になってあなたの商売を調査します。そんなことになると、非常に面倒です。だからくれぐれも売上は正確に把握し、正確に申告するべきなのです。

# 売上帳は銀行通帳を活用しよう

副業する人がまずしなければならないのは、売上帳をつくることです。

売上帳というのは、年間の売上がいくらになっているか集計する帳簿のことです。事業をする場合は、この売上帳をつくらなくてはなりません。

白色申告の人でも、この売上帳は必ずつくらなければなりません。

売上帳は申告するときに、どっちみち必要です。税金の申告には、まずその事業の利益（売上－経費）を計算しなければならないので、売上の集計は不可欠です。なにより自分の事業がどのくらい売上があるのか知っておきたいですしね。

売上が銀行振り込みになっている人は、**売上振込用の口座を一つにまとめると便利**です。その通帳を元にすれば売上帳がすぐできますからね。

フリーランスの人などは、仕事の報酬はほとんどが振り込みになっていると思いますので、仕事の入金用の通帳は別につくっておいたほうがいいでしょうね。

この場合、気をつけなくてはならないのが、普段は銀行振り込みだけど、たまに現金でもらったり、小切手でもらったりすることがあるときです。このときの売上を計上しておかないと、面倒なことになります。

売上をごまかすと税務署は非常にうるさいです。そして税務署は売上に関して、非常にち密な情報網を持っていますので、売上をごまかそうなどとは思わないことです。

また銀行口座は、売上帳代わりになるだけではなく、**経費の帳簿代わり**にもなります。水道光熱費などを銀行引き落としにすれば、わざわざ領収書を集めなくても、通帳が帳簿代わりになるのです。

## 領収書じゃなくてもレシートで大丈夫

事業の経費を計上するときは、必ず領収書がなくてはならないと思っている方も多いようですが、これは誤解です。

経費の計上では自分の宛名が書かれて、先方の印鑑が押してある正規の領収書じゃないと、ダメだと思っている人もいるようですが、そんなことはないのです。

会社によっては社員の経費請求のときには、きちんと宛名が書かれた正規の領収書を必要とすることもあるようですが、それはあくまでその会社の内部規定に過ぎません。

領収書は絶対必要なものではなく、経費の支払いを証明する証票類の一つに過ぎません。逆にいえば経費の支払いさえ証明できれば、**領収書じゃなくても構わない**のです。

ですから、ちょっとした支払いや買い物ならばレシートで十分なのです。レシートには、その支払内容と金額、日付などが明記されていますから、証票類として立派にその役目を果たすのです。

領収書をいちいちもらっていたら、財布の中がかさばりますしね。だから普通の場合（大きな金額でない場合）は、レシートをもらっておけばいいのです。

## 領収書をもらい忘れたときはどうすればいいか？

領収書というのはもらい忘れたり、紛失してしまうことも多いものです。

「あれをもらっておけばけっこう金額大きかったのになあ」

「あの領収書をなくしてしまったのは痛いなあ」

などと申告時期になって後悔する人もいることでしょう。

しかし領収書をもらい忘れていたり、紛失しても諦《あきら》めることはありません。というのも実は領収書というのは、必ず取っておく必要はありません。

税金の申告というのは、事実に基づいて行わなければなりません。そして事実を証明するものの一つとして領収書が存在するわけです。領収書があるに越したことはありませんが、ないからといって経費計上を諦める必要はまったくないのです。

「領収書がないのに、何を基準にして経費を計上すればいい？」

と思った人もいるでしょう。

領収書がない場合は、**「事実」**を基準にして経費を計上すればいいのです。つまり実際に支払いがあって、その支払いが経費として認められるものならば、計上して構わないのです。

何年何月何日に、どういう内容で、いくらの支払いがあったことを明示しておけばいいのです。

ただし、だからといって、わざと領収書をなくしたりするのは、まずいでしょう。これはあくまで領収書がないときの便宜的な処置であり、**基本は領収書を残す**ことです。

# レシートはとりあえず財布の中に入れておこう

税金を安くするには、まず領収書、レシートを集めるのが基本です。領収書の集め方ってけっこう難しいものです。すぐになくしたりするし、きちんと保管しようとすると、面倒になってしなくなったり。

なので、領収書やレシートをもらったときは、とりあえず財布の中に保管しておきましょう。

そして財布の中が領収書やレシートでいっぱいになったら、大きめの封筒やクリアファイルなどに入れて保管しておきましょう。

本当は、領収書やレシートを、もらうたびに封筒やクリアファイルなどに移して保管するほうが間違いがありません。財布の中に入れていれば、なくすこともありますからね。

でも毎日、封筒やクリアファイルに入れるのは面倒ですからね。

財布に入れるとお札などに紛れやすいからといって、ポケットなどに入れてはなりません。ポケットなどに入れるほうがよほど紛失しやすいものです。これは私自身経験済みのことです。

ポケットなどの保管しておいて、後でファイリングしようなどと思っていると、いつの間にか忘れてしまい、なくしてしまいます。面倒くさがり族には、「後でちゃんとする」ことは不可能なのです。

なので多少、紛失のリスクがあったとしても財布の中に入れておくのが結果的にはもっとも紛失しにくいのです。

そして財布の中に入れておくようにすれば、継続的に領収書をとっておく癖がつきます。これは自営業者、フリーランサーにとってけっこう大事なことなのです。少額の領収書、レシートなども、**「まあいいや」**とならずに保管することができます。

## 「収支内訳書」「青色申告決算書」とは？

売上、経費の記録を集めたら、次にすることは決算書をつくることです。

確定申告をするには、まず今年自分がどれだけ儲かったか（損をしたか）を算出する作業をしなければなりません。

この作業は、普通、決算書をつくって行われます。個人事業者の場合、白色申告をしている人は「収支内訳書」青色申告をしている人は「青色申告決算書」をつくります。この「収支内訳書」「青色申告決算書」というのが、世間でいうところの決算書ということになるのです。

収支内訳書（もしくは青色申告決算書）というのは、まず売上収入を記載して、消耗品費、事務費などの経費を記載していき、最終的に利益（所得）が算出されるようになっています。算出された利益（所得）が、マイナスになっていた場合に、税金還付となるのです。

このときの勘定科目は、それほど神経質になる必要はありません。たとえば仕事場のティッシュを買ったときに、消耗品費になるのか、雑費になるのかなどと悩まずに、自分の思う勘定科目を使っていいということです。

気にしなくてはならないのは、**「その支出は経費にできるものかどうか」**ということだけです。第3章でご説明したような「経費にできる支出」であれば問題ないのです。

この収支内訳書（もしくは青色申告決算書）は、確定申告書と一緒に税務署に出さなければなりません。

そしてこの収支内訳書（もしくは青色申告決算書）と、会社からもらった源泉徴収票をもとに確定申告を作成します。

確定申告書のつくり方の流れとしては、次のようになります。

**日々の売上記録、経費の記録をもとに収支内訳書（もしくは青色申告決算書）をつくる**

↓

**その年の利益（所得）を算出**

↓

**会社からもらった源泉徴収票と合算して申告書を作成**

## 確定申告書の一例

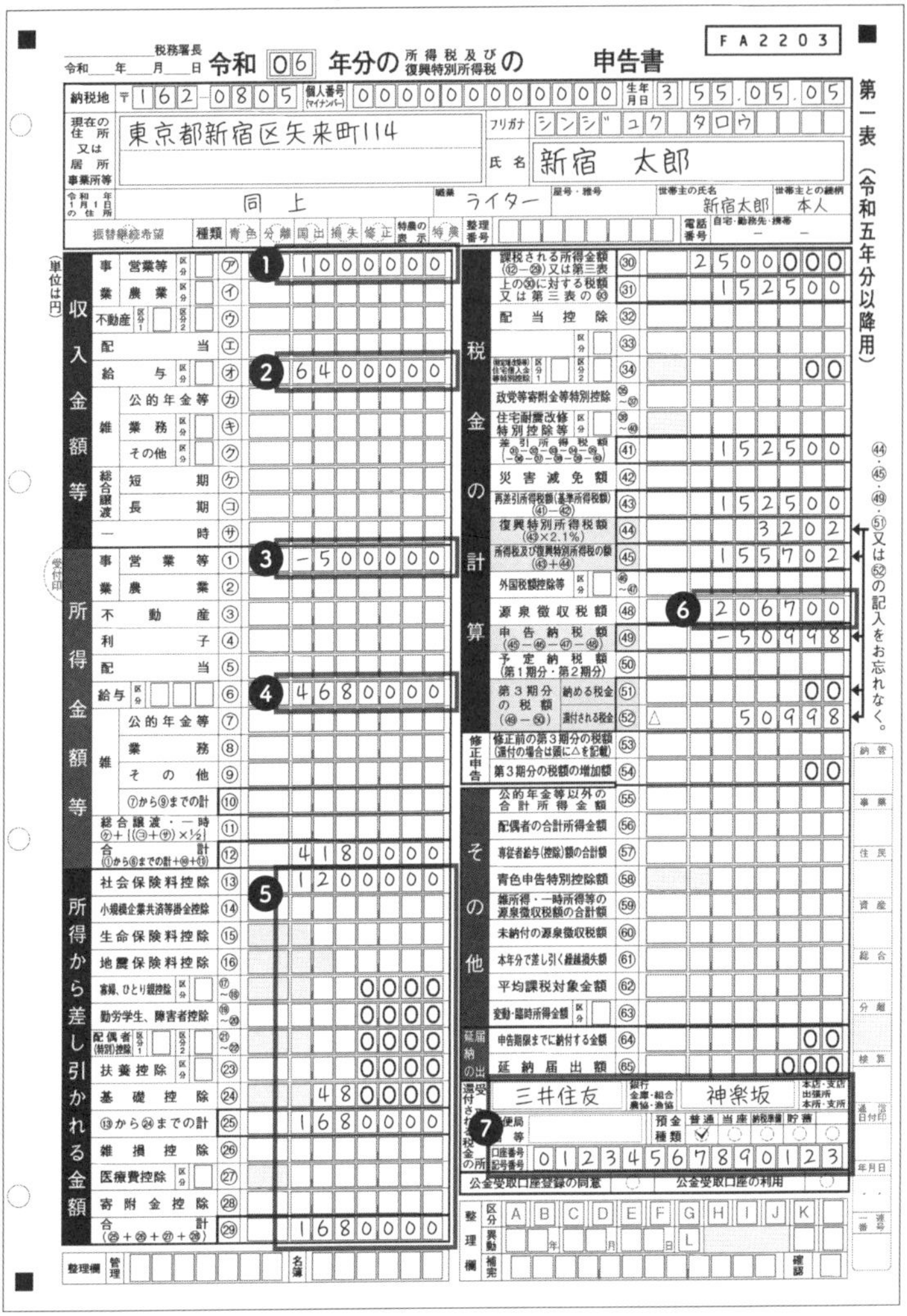

FA2203

税務署長　令和　年　月　日　令和 06 年分の 所得税及び復興特別所得税の 申告書

第一表（令和五年分以降用）

納税地 〒162-0805　個人番号（マイナンバー） 000000000000　生年月日 3 55.05.05

現在の住所又は居所事業所等　東京都新宿区矢来町114

フリガナ シンジュク タロウ　氏名 新宿 太郎

令和1年1月1日の住所 同上　職業 ライター　世帯主の氏名 新宿太郎　世帯主との続柄 本人

|  |  |  |
|---|---|---|
| 収入金額等 事業 営業等 | ア | 1000000 |
| 給与 | オ | 6400000 |
| 所得金額等 事業 営業等 | ① | −500000 |
| 給与 | ⑥ | 4680000 |
| 合計（①から⑥までの計＋⑩＋⑪） | ⑫ | 4180000 |
| 社会保険料控除 | ⑬ | 1200000 |
| 寡婦、ひとり親控除 | ⑰〜⑱ | 0000 |
| 勤労学生、障害者控除 | ⑲〜⑳ | 0000 |
| 配偶者（特別）控除 | ㉑〜㉒ | 0000 |
| 扶養控除 | ㉓ | 0000 |
| 基礎控除 | ㉔ | 480000 |
| ⑬から㉔までの計 | ㉕ | 1680000 |
| 合計（㉕＋㉖＋㉗＋㉘） | ㉙ | 1680000 |
| 課税される所得金額（⑫−㉙）又は第三表 | ㉚ | 2500000 |
| 上の㉚に対する税額又は第三表の㊳ | ㉛ | 152500 |
| 住宅借入金等特別控除 | ㉞ | 00 |
| 差引所得税額 | ㊶ | 152500 |
| 再差引所得税額（基準所得税額）（㊶−㊷） | ㊸ | 152500 |
| 復興特別所得税額（㊸×2.1％） | ㊹ | 3202 |
| 所得税及び復興特別所得税の額（㊸＋㊹） | ㊺ | 155702 |
| 源泉徴収税額 | ㊻ | 206700 |
| 申告納税額（㊺−㊻−㊼−㊽） | ㊾ | −50998 |
| 第3期分の税額 納める税金 | ㊿ | 00 |
| 第3期分の税額 還付される税金 | 52 | △50998 |
| 第3期分の税額の増加額 | 54 | 00 |
| 申告期限までに納付する金額 | 64 | 00 |
| 延納届出額 | 65 | 000 |

還付される税金の受取場所　三井住友 銀行　神楽坂 本店・支店　預金種類 普通　口座番号 01234567890123

❶収支内訳書の売上金額を書く　❷源泉徴収票の支払金額を書く　❸収支内訳書の所得金額を書く　❹源泉徴収票の「給与所得控除後の金額」を書く　❺該当する金額を入れる　❻源泉徴収票の「源泉徴収税額」を書く　❼金融口座名を記載する

令和 06 年分の所得税及び復興特別所得税の 申告書

整理番号

FA2303

第二表（令和五年分以降用）

○第二表は、第一表と一緒に提出してください。○国民年金保険料や生命保険料の支払証明書など申告書に添付しなければならない書類は添付書類台紙などに貼ってください。

| | |
|---|---|
| 住所 | 東京都新宿区矢来町114 |
| 屋号 | |
| フリガナ | シンジュク タロウ |
| 氏名 | 新宿 太郎 |

○ 所得の内訳（所得税及び復興特別所得税の源泉徴収税額）

| 所得の種類 | 種目 | 給与などの支払者の「名称」及び「法人番号又は所在地」等 | 収入金額 | 源泉徴収税額 |
|---|---|---|---|---|
| 給与 | | セルフ・ビジネス社 | 6,400,000円 | 206,700円 |
| | | | | |
| | | | | |
| | | | | |
| | | | ㊽ 源泉徴収税額の合計額 | 206,700円 |

| ⑬⑭ 社会保険料控除・小規模企業共済等掛金控除 保険料等の種類 | 支払保険料等の計 | うち年末調整等以外 |
|---|---|---|
| 健康保険 | 600,000円 | 円 |
| 厚生年金 | 600,000 | |
| | | |
| | | |

| ⑮ 生命保険料控除 | 支払保険料等の計 | うち年末調整等以外 |
|---|---|---|
| 新生命保険料 | 円 | 円 |
| 旧生命保険料 | | |
| 新個人年金保険料 | | |
| 旧個人年金保険料 | | |
| 介護医療保険料 | | |

| ⑯ 地震保険料控除 | 支払保険料等の計 | うち年末調整等以外 |
|---|---|---|
| 地震保険料 | 円 | 円 |
| 旧長期損害保険料 | | |

| 本人に関する事項（⑰〜⑳） | | | | | |
|---|---|---|---|---|---|
| 寡婦 □死別 □生死不明 □離婚 □未帰還 | ひとり親 | 勤労学生 □年調以外かつ専修学校等 | 障害者 | 特別障害者 | |

○ 雑損控除に関する事項（㉖）

| 損害の原因 | 損害年月日 | 損害を受けた資産の種類など |
|---|---|---|
| | . . | |
| 損害金額 円 | 保険金などで補塡される金額 円 | 差引損失額のうち災害関連支出の金額 円 |

○ 寄附金控除に関する事項（㉘）

| 寄附先の名称等 | | 寄附金 | 円 |
|---|---|---|---|

○ 総合課税の譲渡所得、一時所得に関する事項（⑪）

| 所得の種類 | 収入金額 | 必要経費等 | 差引金額 |
|---|---|---|---|
| | 円 | 円 | 円 |
| | | | |

| 特例適用条文等 | |
|---|---|

○ 配偶者や親族に関する事項（⑳〜㉓）

| 氏名 | 個人番号 | 続柄 | 生年月日 | 障害者 | 国外居住 | 住民税 | その他 |
|---|---|---|---|---|---|---|---|
| | | 配偶者 | 明・大 昭・平 . . | 障 特障 | 国外 年調 | 同一 別居 | 調整 |
| | | | 明・大 昭・平・令 . . | 障 特障 | 年調 | 16 別居 | 調整 |
| | | | 明・大 昭・平・令 . . | 障 特障 | 年調 | 16 別居 | 調整 |
| | | | 明・大 昭・平・令 . . | 障 特障 | 年調 | 16 別居 | 調整 |
| | | | 明・大 昭・平・令 . . | 障 特障 | 年調 | 16 別居 | 調整 |

○ 事業専従者に関する事項（57）

| 事業専従者の氏名 | 個人番号 | 続柄 | 生年月日 | 従事月数・程度・仕事の内容 | 専従者給与（控除）額 |
|---|---|---|---|---|---|
| | | | 明・大 昭・平 . . | | 円 |
| | | | 明・大 昭・平 . . | | |

○ 住民税・事業税に関する事項

| 住民税 | 非上場株式の少額配当等 | 非居住者の特例 | 配当割額控除額 | 株式等譲渡所得割額控除額 | 給与、公的年金等以外の所得に係る住民税の徴収方法 特別徴収 | 自分で納付 | 都道府県、市区町村への寄附（特例控除対象） | 共同募金、日赤その他の寄附 | 都道府県条例指定寄附 | 市区町村条例指定寄附 |
|---|---|---|---|---|---|---|---|---|---|---|
| | 円 | 円 | 円 | 円 | | ○ | 円 | 円 | 円 | 円 |

| 退職所得のある配偶者・親族の氏名 | 個人番号 | 続柄 | 生年月日 | 退職所得を除く所得金額 | 障害者 | その他 | 寡婦・ひとり親 |
|---|---|---|---|---|---|---|---|
| | | | 明・大 昭・平 . . | 円 | 障 特障 | 調整 | 寡婦 ひとり親 |

| 事業税 | | | | | |
|---|---|---|---|---|---|
| 非課税所得など | 番号 | 所得金額 円 | 損益通算の特例適用前の不動産所得 | 円 | 前年中の開（廃）業 開始・廃止 月日 |
| 不動産所得から差し引いた青色申告特別控除額 | | | 事業用資産の譲渡損失など | | 他都道府県の事務所等 |

| 上記の配偶者・親族・事業専従者のうち別居の者の氏名・住所 | 氏名 | | 住所 | | 国外 | 所得税で控除対象配偶者などとした専従者 | 氏名 | | 給与 | 円 | 一連番号 | |
|---|---|---|---|---|---|---|---|---|---|---|---|---|

| 整理欄 | | | | | | |
|---|---|---|---|---|---|---|
| 申告区分 | | 申告等年月日 | 年 月 日 | 所得種類 | | |
| 特例適用条文 | 法 条の の 項 号 | 申告期限 | 年 月 日 | | | |

税理士法書面提出 30条 33条の2

税理士署名・電話番号

（ ― ― ）

FA7001

# 令和 06 年分収支内訳書（一般用）

（あなたの本年分の事業所得又は雑所得の金額の計算内容をこの表に記載して確定申告書に添付してください。）

この収支内訳書は機械で読み取りますので、黒のボールペンで書いてください。

提出用（令和五年分以降用）

令和　年　月　日

| | | | | | |
|---|---|---|---|---|---|
| 住所 | 東京都新宿区矢来町114 | フリガナ 氏名 | シンジュク タロウ 新宿 太郎 | 依頼税理士等 事務所所在地 | |
| 事業所所在地 | | 電話番号 | (自宅) (事業所) | 氏名（名称） | |
| 業種名 | ライター | 屋号 | | 加入団体名 | 電話番号 |

「営業等」又は「雑（業務）」のいずれかを選択してください。　営業等　雑（業務）

（自　月　日 至　月　日）

| 科目 | | 金額（円） | 科目 | | 金額（円） |
|---|---|---|---|---|---|
| 収入金額 売上（収入）金額 | ① | 1,000,000 | 経費 その他の経費 旅費交通費 | ㊁ | 100,000 |
| 家事消費 | ② | | 通信費 | ㊂ | 100,000 |
| その他の収入 | ③ | | 広告宣伝費 | ㊃ | |
| 計（①＋②＋③） | ④ | 1,000,000 | 接待交際費 | ㊄ | 100,000 |
| 売上原価 期首商品（製品）棚卸高 | ⑤ | | 損害保険料 | ㊅ | |
| 仕入金額（製品製造原価） | ⑥ | | 修繕費 | ㊆ | 100,000 |
| 小計（⑤＋⑥） | ⑦ | | 消耗品費 | ㊇ | 80,000 |
| 期末商品（製品）棚卸高 | ⑧ | | 福利厚生費 | ㊈ | |
| 差引原価（⑦－⑧） | ⑨ | 0 | | ㋷ | |
| 差引金額（④－⑨） | ⑩ | 1,000,000 | | ㋻ | |
| 経費 給料賃金 | ⑪ | | | ㋕ | |
| 外注工賃 | ⑫ | | | ㋺ | |
| 減価償却費 | ⑬ | 80,000 | | ㋟ | |
| 貸倒金 | ⑭ | | 雑費 | ㋹ | 120,000 |
| 地代家賃 | ⑮ | 600,000 | 小計（㋑〜㋹までの計） | ㋾ | 820,000 |
| 利子割引料 | ⑯ | | 経費計（⑪〜⑯までの計＋㋾） | ⑱ | 1,500,000 |
| その他の経費 租税公課 | ㋑ | | 専従者控除前の所得金額（⑩－⑱） | ⑲ | −500,000 |
| 荷造運賃 | ㋺ | 100,000 | 専従者控除 ※ | ⑳ | |
| 水道光熱費 | ㋩ | 120,000 | 所得金額（⑲－⑳） | ㉑ | −500,000 |

整理番号

○給料賃金の内訳

| 氏名（年齢） | 従事月数 | 給料賃金 | 賞与 | 合計 | 所得税及び復興特別所得税の源泉徴収税額 |
|---|---|---|---|---|---|
| （歳） | 月 | 円 | 円 | 円 | 円 |
| （歳） | | | | | |
| （歳） | | | | | |
| その他（人分） | | | | | |
| 計 延べ従事月数 | | | | ⑪ | |

○税理士・弁護士等の報酬・料金の内訳

| 支払先の住所・氏名 | 本年中の報酬等の金額 | 左のうち必要経費算入額 | 所得税及び復興特別所得税の源泉徴収税額 |
|---|---|---|---|
| | 円 | 円 | 円 |
| | | | |

○事業専従者の氏名等 ※

| 氏名（年齢） | 続柄 | 従事月数 |
|---|---|---|
| （歳） | | 月 |
| （歳） | | |
| （歳） | | |
| | 延べ従事月数 | |

※ 雑所得の金額の計算において、事業専従者控除を受けることはできません。

【税務署整理欄】



FA7051

整理番号

○売上（収入）金額の明細　※ 登録番号を記載する場合には、先頭に「T」を付けた上で13桁の数字を記入してください。

| 売上先名 | 所在地 | 登録番号（法人番号）（※） | 売上（収入）金額 |
|---|---|---|---|
| ビジネス社 | 東京都新宿区矢来町114 | | 600,000円 |
| エコノミー社 | 東京都中央区1 | | 400,000 |
| | | | |
| | | | |
| 上記以外の売上先の計 | | | |
| 右記①のうち軽減税率対象 | うち　円 | 計 | ① 1,000,000 |

○仕入金額の明細

| 仕入先名 | 所在地 | 登録番号（法人番号）（※） | 仕入金額 |
|---|---|---|---|
| | | | 円 |
| | | | |
| | | | |
| | | | |
| 上記以外の仕入先の計 | | | |
| 右記⑥のうち軽減税率対象 | うち　円 | 計 | ⑥ |

◎本年中における特殊事情

○減価償却費の計算

| 減価償却資産の名称等（繰延資産を含む） | 面積又は数量 | 取得年月 | ㋑ 取得価額（償却保証額） | ㋺ 償却の基礎になる金額 | 償却方法 | 耐用年数 | ㋩ 償却率又は改定償却率 | ㋥ 本年中の償却期間 | ㋭ 本年分の普通償却費（㋺×㋩×㋥） | ㋬ 特別償却費 | ㋣ 本年分の償却費合計（㋭＋㋬） | ㋠ 事業専用割合 | ㋷ 本年分の必要経費算入額（㋣×㋠） | ㋦ 未償却残高（期末残高） | 摘要 |
|---|---|---|---|---|---|---|---|---|---|---|---|---|---|---|---|
| パソコン | 1 | 令和6.1 | (200,000)円 | 200,000円 | 定率 | 4年 | 0.400 | 12/12 | 80,000円 | 円 | 80,000円 | 100% | 80,000円 | 120,000円 | |
| | | ・ | ( ) | | | | | /12 | | | | | | | |
| | | ・ | ( ) | | | | | /12 | | | | | | | |
| | | ・ | ( ) | | | | | /12 | | | | | | | |
| | | ・ | ( ) | | | | | /12 | | | | | | | |
| | | ・ | ( ) | | | | | /12 | | | | | | | |
| | | ・ | ( ) | | | | | /12 | | | | | | | |
| 計 | | | | | | | | | | | | | ⑬ | | |

（注）平成19年4月1日以後に取得した減価償却資産について定率法を採用する場合にのみ㋑欄のカッコ内に償却保証額を記入します。

○利子割引料の内訳（金融機関を除く）

| 支払先の住所・氏名 | 期末現在の借入金等の金額 | 本年中の利子割引料 | 左のうち必要経費算入額 |
|---|---|---|---|
| | 円 | 円 | 円 |
| | | | |

○地代家賃の内訳

| 支払先の住所・氏名 | 賃借物件 | 本年中の賃借料・権利金等 | 左の賃借料のうち必要経費算入額 |
|---|---|---|---|
| ビーブル社 | マンション | 権更 賃 75,000円 | 50,000円 |
| | | 権更 賃 | |

## 確定申告の書き方は簡単

確定申告をするには、まず確定申告書を入手しなければなりません。

税務署に開業届を出している人は、税務署から確定申告書の用紙が送られてくるかもしれません。ただし、これは確実ではなく、開業届が遅れたような場合は、送られてこないこともあります。

確定申告書の用紙は、税務署に取りに行くこともできますし、インターネットで国税庁のサイトから打ち出すこともできます。

確定申告書の書き方は簡単です。

確定申告書には「確定申告書の手引き（所得税及び復興特別所得税の確定申告の手引き）」というものがあります。この確定申告書の手引きは、税務署でももらえますし、国税庁のサイトから打ち出すこともできます。これを読みながら、一か所ずつ記載していけば、ほとんどの人が2～3時間もあれば作成できるはずです。

確定申告の方法には、E-TAXといって、ネットから電子申告する方法もあります。

が、これは初めて確定申告をする方には、あまりすすめられません。なぜなら、「確定申告の手引き」をじっくり見ながら紙の申告書に記入していったほうが初心者にはわかりやすいからです。経理に自信があるというような人は、最初からE-TAXを使ってもいいでしょう。

ただしE-TAXを使いこなすには、多少の機材をそろえる必要があり、また登録手続きなども必要となります。詳しくは税務署でお尋ねください。

## 税務署の税務相談コーナーの賢い使い方

税務署は毎年、確定申告の時期になると、申告相談会場というのを設置します。2月の中旬から3月中旬までの間に、税務署の敷地内にプレハブ小屋をつくって、その中で税務署員やら、当番の税理士などが無料で申告書の書き方の指導などを行うのです。

申告書の作成も無料でやってくれるので、経理素人としては、ここで申告書をつくってしまいたい、という誘惑にかられるかもしれません。

しかし、申告相談会場で確定申告書をつくるのは決して得策ではありません。

税務署というのは、税金をたくさん取ることに執念を燃やしています。そういう人に申告書の作成を頼むとどうなるでしょう？　絶対に、**税金が高くなるような申告書になってしまう**わけです。

税金というのは、グレーゾーンがたくさんある曖昧《あいまい》な世界です。厳しくしようと思えばいくらでも厳しくできますし、その逆もしかりです。

たとえば自宅で仕事をしているので家賃、光熱費を7割経費に算入していたとします。これを税務署員が見れば必ずこういうはずです。「これはちょっと高すぎますね、4割にしておきますよ」と。そして、実際に、家賃、光熱費の金額を書き直すでしょう。でも、これは納税者が自分で申告書を書いていれば、避けられることなのです。納税者が家賃の7割を経費にしていても、税務署はいったんはその申告を受け付けなくてはなりません。そして「家賃の7割は経費じゃない」という証拠を見つけて**初めて申告の修正を指示できる**わけです。

だから申告相談会場に行って、申告書の作成をまるまる税務署員に委ねるということは、非常に危険なことだといえるのです。

かといって自分一人で申告書をつくるのは不安だ、税理士に頼むほどの余裕もない、という場合は、最低でも収支内訳書などの基本的な資料は自分でつくっておいて、申告書の下書きも自分でやってみることです。そして書き方がわからない部分だけを、税務署の申告相談会場で聞くのです。

そのときに、**帳簿などの余計な資料はなるべく持っていかない**ことです。必要なものだけ持っていって、必要な部分だけ聞くのです。そうすれば、税務署員は必要なことしか答えられませんし、申告書に「余計な介入」をしてくることもないのです。

整理しますと、税務署の税務相談コーナーを利用する場合は、自分で収支内訳書（青色申告の場合は青色申告決算書）をつくったうえで、会社からもらった源泉徴収票なども持って行き、必要な部分だけを手伝ってもらいましょう。

## 税務署の相談室を使い倒そう

確定申告時期の税務相談コーナーとは別に、税務署には相談室というものがあります。相談室というのは、税務署が税金について教えてくれるシステムです。最寄りの税務署に電話すれば、つながります。

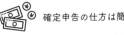

税務署は税金について、納税者がどんな質問をしてきても丁寧に答える義務があります。この点が法律相談などとは違うところです。

法律に関する質問は、法務局に聞いても答えてくれませんからね。弁護士の無料法律相談なども時間が限られていますし、徹底的に聞くわけにはいきません。

しかし税務署の相談室の場合は、税金に関する質問は、何時間かかろうと無料で教えてくれるのです。だから、ちょっとでもわからないことがあったら、なんでも聞いていいのです。

「自分で申告する」ときに、この税務署の相談室を使わない手はありません。申告書をつくっていて、もしわからない点があれば、徹底的に聞けるからです。

相談を担当する税務署員には、いわゆる怖い人はいないです。基本的に最近の税務署員は紳士的な対応をするようになっていますが、相談室の係員は特に紳士的です。

また相談室は匿名でも質問できるので、気楽に使いましょう。ただし確定申告の時期には、非常につながりにくくなるので避けたほうがいいでしょう。

ただし税務署の相談室に行く際にも、最低でも決算書（収支内訳書もしくは青色申告決算書）は自分でつくっていきましょう。決算書を自分でつくったうえで、それを申告書にどうつなげればいいのかを聞きましょう。

税務署もさすがに決算書まではつくってくれません。「決算書は自分でつくってください」と言われるはずです。また、もし税務署が決算書もつくってくれたとしても、事業の**内部情報を全部税務署にさらしてしまう**ことになります。それは事業者として得策ではありません。

## 個人事業者の申告相談をしてくれる青色申告会とは？

青色申告会という団体をご存じでしょうか？

青色申告会というのは、税務署の肝いりでつくられた経営者の団体で、主に個人事業者を対象にした「青色申告」を推奨するためにつくられたものです。各地域に支部が設置されていて、各税務署の管轄内に一つは必ずあります。原則としては個人事業者しか入れませんが地域によっては法人の会員を受け入れる場合もあるようです。

青色申告会というのはどういう団体かと言うと、簡単にいえば**税務申告初心者の集まり**という感じの団体です。

青色申告会に入れば、記帳指導などが受けられるうえに青色申告会を通して申告書を提出することができます。もちろん青色申告会を通して申告すれば、税務署の心証は非常によくなります。

また青色申告会は、さまざまな親睦会《しんぼくかい》や研修などを行っています。なので他業種の人と交流するにも、もってこいの場所だといえます。

しかも青色申告会の会合には、税務署の職員も時々参加します。なので、税務署の人とコネをつくるにも持ってこいの場所といえるでしょう。

月会費は1500円程度なので、気軽に入れます。

ただし、この青色申告会は、税務署の肝いりでつくられたものなので、税務署寄りの団体であり、突っ込んだ節税方法などは教えてくれません。家賃を経費に入れようとしたら、

「それはダメだ」と指摘されたりするかもしれません。

「あまり突っ込んだ節税策など教えてくれなくていい」

「基本的な記帳の仕方を学びたい」

というような方には最適でしょう。

[著者略歴]


**大村大次郎（おおむら・おおじろう）**

大阪府出身。元国税調査官。国税局で10年間、主に法人税担当調査官として勤務し、退職後、経営コンサルタント、フリーライターとなる。執筆、ラジオ出演、フジテレビ「マルサ!!」の監修など幅広く活躍中。主な著書に『2024年法改正対応版　相続税を払う奴はバカ！』『増補改訂版　消費税という巨大権益』『完全図解版税務署対策最強マニュアル』『宗教とお金の世界史』『金持ちに学ぶ税金の逃れ方』『18歳からのお金の教科書』（以上、ビジネス社）、『「金持ち社長」に学ぶ禁断の蓄財術』『あらゆる領収書は経費で落とせる』（以上、中公新書ラクレ）、『会社の税金元国税調査官のウラ技』（技術評論社）、『おひとりさまの老後対策』（小学館新書）、『税務署・税理士は教えてくれない「相続税」超基本』（KADOKAWA）など多数。



## なぜ副業すると税金還付になるのか？

2024年３月１日　第１刷発行

著　者　大村 大次郎
発行者　唐津 隆
発行所　株式会社ビジネス社
〒162-0805　東京都新宿区矢来町114番地 神楽坂高橋ビル5階
電話　03(5227)1602　FAX　03(5227)1603
https://www.business-sha.co.jp

〈装幀〉中村聡
〈本文組版〉茂呂田剛（エムアンドケイ）
〈印刷・製本〉大日本印刷株式会社
〈営業担当〉山口健志
〈編集担当〉本田朋子




ISBN978-4-8284-2609-9